BERNHARD-RUDOLF HEISS

Einstweiliger Rechtsschutz im europäischen Zivilrechtsverkehr

Schriften zum Prozessrecht

Band 87

Einstweiliger Rechtsschutz im europäischen Zivilrechtsverkehr

(Art. 24 EuGVÜ)

Von

Dr. Bernhard-Rudolf Heiss

DUNCKER & HUMBLOT / BERLIN

CIP-Kurztitelaufnahme der Deutschen Bibliothek

Heiss, Bernhard-Rudolf:
Einstweiliger Rechtsschutz im europäischen Zivilrechtsverkehr: (Art. 24 EuGVÜ) / von Bernhard-Rudolf Heiss. — Berlin: Duncker und Humblot, 1987.
  (Schriften zum Prozessrecht; Bd. 87)
  ISBN 3-428-06175-6

NE: GT

Alle Rechte vorbehalten
© 1987 Duncker & Humblot GmbH, Berlin 41
Satz: Günter Schubert, Berlin 12, Krumme Straße 70
Druck: Luck & Schulze, Berlin 65
Printed in Germany
ISBN 3-428-06175-6

Inhaltsverzeichnis

Einleitung 9

Erstes Kapitel

Regelungsumfang und Anwendungsbereich des Art. 24 GVÜ

A. Überblick 12
B. Anwendungsbereich des Art. 24 GVÜ 13
    I. Anwendungsvoraussetzung 13
    II. Verfahrensrechtliche Einbindung 14
    III. Bestimmung der Streitmaterie 15

Zweites Kapitel

Die nach Art. 24 GVÜ eröffneten Gerichtsstände

A. Die nicht exorbitanten Gerichtsstände 18
B. Die exorbitanten Gerichtsstände und einstweilige Maßnahmen 19
    I. Art. 7 EWGV und exorbitante Gerichtsstände 19
        1. Problemstellung 19
        2. Rechtsquellenqualität des GVÜ 20
        3. Kollisionsfeststellung 23
        4. Rechtsfolge der Kollision 24
            a) Gemeinschaftskonforme Auslegung 24
            b) Diskriminierung durch Beklagtenbenachteiligung 26
    II. Ausschluß bestimmter Gerichtsstände aus anderen Gründen (Beschränkung auf spezielle Eilgerichtsstände) 29

Drittes Kapitel

„Einstweilige Maßnahmen" nach Art. 24 GVÜ

A. Auslegungsmethoden 32
B. Autonome Auslegung 34
    I. Allgemeine Auslegungsgrundsätze 34
    II. Grammatikalische Auslegung 35
    III. Historische Auslegung 36
    IV. Systematische Auslegung 36
    V. Teleologische Auslegung 38
        1. Rechtskraft der einstweiligen Maßnahme 39
        2. Dringlichkeit der einstweiligen Maßnahme 42
        3. Vorgreiflichkeit der einstweiligen Maßnahme 44
    VI. Rechtsvergleichende Auslegung 49

C. Die „einstweiligen Maßnahmen" i. S. des Art. 24 GVÜ in der Bundesrepublik Deutschland 51
    I. Überblick 51
        1. Arreste und sichernde einstweilige Verfügungen 52
        2. Einstweilige Anordnungen in Familiensachen 52
        3. Versäumnisurteil, Vollstreckungsbescheid und Vorbehaltsurteil 55
        4. Beweissicherungsverfahren 55
    II. Leistungs- bzw. Befriedigungsverfügungen 57
        1. Begriffsbestimmung 57
        2. Erscheinungsformen der Befriedigungs- oder Leistungsverfügung 58
        3. Systematische Einordnung der Leistungsverfügung in die Rechtsschutzsysteme des deutschen Rechts 61
        4. Qualifikation der Leistungsverfügung des deutschen Rechts im Rahmen des GVÜ (Art. 24) 63
        5. Ausweichmöglichkeiten durch Tenorierungsgestaltung 66

D. Einstweiliger Rechtsschutz im Prozeßrecht des Vereinigten Königreiches 68
    I. Überblick 68
    II. Summary Judgment 74
    III. Interim Payment 74

　　　　IV. Interlocutory Injunction 77
　　　　V. Mareva-Injunctions und Anton Piller Order 79

E. Einstweiliger Rechtsschutz in Frankreich 82
　　　I. Beschlagnahmen 82
　　　　1. Saisie arrêt 82
　　　　2. Saisie conservatoire 85
　　　II. Einstweilige Verfügungen 87
　　　III. Einstweilige Zahlungsverfügungen („provision") 87

F. Einstweiliger Rechtsschutz in den Niederlanden 92
　　　I. Überblick 92
　　　II. Kort geding (einstweilige Verfügung) 92

G. Einstweiliger Rechtsschutz in Griechenland 96
　　　I. Überblick 96
　　　II. Einstweilige Verfügungen 96

H. Zusammenfassung 98
　　　I. Ergebnis der Rechtsvergleichung 98
　　　II. Überprüfung des Auslegungsergebnisses 100

Literaturverzeichnis 103

Einleitung

Die internationale Zuständigkeit und Vollstreckung gerichtlicher Entscheidungen in Zivilsachen ist im Verhältnis der sechs alten EWG-Staaten Frankreich, Italien, Niederlande, Belgien, Luxemburg und Deutschland seit dem 1. 2. 1973 durch das Brüsseler EWG-Übereinkommen über die gerichtliche Zuständigkeit und die Vollstreckung gerichtlicher Entscheidungen in Zivil- und Handelssachen (GVÜ) vom 27. 9. 1968 geregelt[1].

Aufgrund des EG-Beitritts von Großbritannien, Dänemark und Irland wurde am 9. 10. 1978 ein Beitrittsübereinkommen mit diesen Staaten geschlossen, das noch der Ratifikation bedarf[2]. Der Text des GVÜ wurde aus diesem Anlaß überarbeitet und ergänzt bzw. angepaßt.

Am 25. 10. 1982 wurde, nach dessen EG-Beitritt, mit Griechenland ebenfalls ein Beitrittsübereinkommen geschlossen, das noch nicht in Kraft ist[3].

Da mit dem Inkrafttreten der Neufassung des GVÜ in unmittelbarer Zukunft zu rechnen ist, wird dieser neugefaßte Text, sowie seine Anwendung auch gegenüber den neuen Vertragsstaaten, insbesondere gegenüber Großbritannien und Griechenland der Abhandlung zugrundegelegt[4].

Neben dem eigentlichen Vertragstext hat das Auslegungsprotokoll vom 3. 6. 1971 besondere Bedeutung[5]. Danach ist dem Europäischen Gerichtshof (EuGH) zur Vermeidung unterschiedlicher Auslegungen in den Vertragsstaaten die verbindliche Interpretation von Vorschriften des GVÜ übertragen worden[6]. Die obersten Gerichte[7] der Vertrags-

---

[1] BGBl. 1972 II S. 773 ff., 1973 II S. 60; abgedruckt in Zöller, ZPO 14. Aufl. Texte IZPR V sowie Bülow/Böckstiegel, Der internationale Rechtsverkehr in Zivil- und Handelssachen, B I 1a 600/3 ff. (Text viersprachig).

[2] BGBl. 1983 II 802; Amtsblatt der EG vom 30. 10. 1978 Nr. L 304.

[3] Amtsblatt der EG vom 25. 10. 1982 Nr. L 388/1.

[4] Großbritannien hat im Rahmen des Civil Jurisdiction and Judgments Act (1982) die Bestimmungen des GVÜ bereits in nationales Recht transformiert. Die Anwendung wesentlicher Teile gegenüber den Mitgliedsstaaten bedarf noch einer Order in Council (Schedule 13 Part I para. 3 Civil Jurisdiction and Judgments Act), die ebenfalls in unmittelbarer Zukunft zu erwarten ist (Stone, The Int. and Comp. Law Quarterly 1983, 477 f.).

[5] In Kraft seit 1. 9. 1975, BGBl. II, 1972, 846.

[6] Erklärung der Unterzeichnerstaaten des GVÜ vom 27. 9. 1968; Bülow/Böckstiegel, 600/76 B I 1a.

[7] In Deutschland der BGH.

staaten sind zur Vorlage verpflichtet, wenn eine Auslegungsfrage für einen anhängigen Rechtsstreit entscheidungserheblich ist (Art. 2 Nr. 1 und Art. 3 Abs. 1 Auslegungsprotokoll). Sonstige Rechtsmittelgerichte können entsprechende Fragen vorlegen, sind jedoch nicht dazu verpflichtet (Art. 2 Nr. 2 u. 3 und Art. 3 Abs. 2 Auslegungsprotokoll).

Das GVÜ regelt in seinem Titel II die internationale Zuständigkeit für Rechtsstreitigkeiten bezüglich der von ihm erfaßten Rechtsmaterien. In bisher abgeschlossenen Anerkennungs- und Vollstreckungsverträgen waren die dort angesprochenen internationalen Zuständigkeitsregelungen regelmäßig lediglich Beurteilungsregeln, also erst für den mit der Anerkennung und Vollstreckung befaßten Richter beachtlich. Im GVÜ dagegen werden für den Richter des Erstprozesses bindende Zuständigkeitsnormen geschaffen[8]. Wesentlich ist dabei der Ausschluß der sogenannten exorbitanten Gerichtsstände, in Deutschland z. B. § 23 1. Alt. ZPO oder Art. 14 c.p.c. in Frankreich (Art. 3 Abs. 2 GVÜ).

Im Titel III des GVÜ ist die Freizügigkeit der gerichtlichen Entscheidungen in den Vertragsstaaten geregelt. Die Anerkennung und Vollstreckung gerichtlicher Entscheidungen aus anderen Vertragsstaaten ist dabei, mit Ausnahme bestimmter Rechtsgebiete, nicht von der Einhaltung des Zuständigkeitskatalogs des GVÜ abhängig[9]. Eine dahingehende Überprüfung durch den mit der Anerkennung- und Vollstreckung befaßten Richter ist ausdrücklich ausgeschlossen (Art. 28 Abs. 3 GVÜ). Diese Großzügigkeit in der Frage der Anerkennung ist in Zusammenhang mit dem durch die vereinheitlichte Zuständigkeitsordnung erzielten Beklagtenschutz zu sehen[10].

Die einstweiligen Maßnahmen verdienen im Gefüge des GVÜ besondere Bedeutung. Sie sind einerseits vom zwingenden Zuständigkeitskatalog nach Art. 24 GVÜ ausgenommen[11], andererseits nehmen sie an der Freizügigkeit nach Art. 25 ff. GVÜ in vollem Umfang teil.

Anerkennungsfähige Entscheidung i. S. des GVÜ ist jedwede gerichtliche Entscheidung, unabhängig von ihrer Bezeichnung (Art. 25 GVÜ), also auch eine einstweilige Maßnahme[12].

Mit der zunehmenden Verlagerung von Gerichtsverfahren aus dem Hauptverfahren in den einstweiligen Rechtsschutz besteht jedoch die Gefahr, daß dadurch die Systematik des GVÜ unterlaufen wird[13].

---

[8] *Geimer*/Schütze, Bd. I/1, § 1 S. 33 ff.
[9] *Geimer*/Schütze, Bd. I/1, § 99 S. 967 ff.
[10] Martiny, IZVR, Bd. III/2 Rz. 82; *Jenard*-Bericht S. 57.
[11] *Geimer*/Schütze, Bd. I/1, § 29 XVI 1. S. 234.
[12] Martiny, IZVR, Bd. III/2 Rz. 51; *Geimer*/Schütze, Bd. I/1 § 107 VI S. 984.
[13] Zur Verlagerung von Rechtsstreitigkeiten in das Verfahren des einstweiligen Rechtsschutzes in den GVÜ-Vertragsstaaten: Ahrens, S. 398; Nieder-

Besonders problematisch sind dabei die Hauptsache ersetzende Entscheidungen, wie in Deutschland z. B. sogenannte Leistungs- oder Befriedigungsverfügungen[14], in Frankreich sog. „provision"-Entscheidungen im „référé"-Verfahren[15], oder in den Niederlanden Entscheidungen im „kort geding"-Verfahren[16].

Der Einordnung derartiger gerichtlicher Entscheidungen, die in Verfahren des einstweiligen Rechtsschutzes ergehen, sowie der Frage, inwieweit für einstweilige Maßnahmen sog. exorbitante Gerichtsstände des nationalen Verfahrensrechts zur Verfügung stehen, soll in der vorliegenden Arbeit besondere Beachtung geschenkt werden.

---

lande: Zonderland, ZZP 90 (1977) S. 225; Italien: Trocker, ZZP 91 (1978) S. 236 (257); Frankreich: Chartier, ZZP 91 (1978) S. 286 (294); Großbritannien: Fellowes v. Fisher 1975 3 WLR 184 C.A. — per Lord Denning.

[14] Stein/Jonas/*Grunsky*, vor § 935 Rz. 31 ff., dazu ausführlich unten 3. Kap. C II.

[15] Dazu 3. Kap. E III.

[16] Dazu 3. Kap. F II.

Erstes Kapitel

Regelungsumfang und Anwendungsbereich des Art. 24 GVÜ

A. Überblick

Die einstweiligen Maßnahmen nehmen im EWG-Übereinkommen über die gerichtliche Zuständigkeit und die Vollstreckung gerichtlicher Entscheidungen in Zivil- und Handelssachen (GVÜ) vom 27. 9. 1968 eine eigene Stellung ein. Nach Art. 24 sind sie von der zwingenden Zuständigkeitsordnung der anderen im Übereinkommen geregelten Gerichtsstände ausgenommen.

Während ansonsten in seinem sachlichen Anwendungsbereich (Art. 1) die Zuständigkeitsvorschriften des Übereinkommens die Zuständigkeitsregeln des nationalen Rechtes verdrängen[1], bleiben diese für den Erlaß einstweiliger Maßnahmen von Bedeutung[2]. Das heißt nicht, daß für solche Maßnahmen etwa allein nationales Zuständigkeitsrecht Anwendung findet, sondern vielmehr, daß der Gläubiger nicht nur in den Gerichtsständen nach Art. 2 ff. GVÜ, sondern auch bei den nach den nationalen Zuständigkeitsordnungen vorgesehenen Gerichten einstweilige Maßnahmen erwirken kann[3].

Der Grund liegt darin, daß es Zweck des Art. 24 GVÜ ist, den einstweiligen Rechtsschutz zu erleichtern, weshalb der Gläubiger nicht auf die Gerichtsstände des Übereinkommens beschränkt werden soll. Während das Übereinkommen die Gerichtspflichtigkeit des Beklagten grundsätzlich auf dessen Wohnsitzstaat konzentriert, läßt das nationale Zuständigkeitsrecht vielfach die Rechtsverfolgung auch im Wohnsitzstaat des Klägers zu. Die Rechtsverfolgung mittels der regelmäßig leichter erreichbaren Gerichte des Heimatstaates, etwa in sog. exorbitanten Gerichtsständen, ist für den um einstweiligen Rechtsschutz Nachsuchenden eine wesentliche Erleichterung, weil gerade bei solchen Verfahren der Zeitfaktor eine erhebliche Rolle spielt.

---

[1] *Geimer*/Schütze, Bd. I/1, § 29 XVI S. 234; Kropholler, EuGVÜ, vor Art. 2 Rz. 15; Jenard, 3. Kap. II.
[2] *Geimer*/Schütze, Bd. I/1, § 29 XVI S. 234.
[3] Kropholler, EuGVÜ Art. 24 Rz. 6; Grunsky, RIW/AWD 1977, 8; Bülow/Böckstiegel/*Müller*, Art. 24 Anm. III 2 606/181; OLG Frankfurt/M RIW/AWD 1980, 799.

Da andererseits die nationale Zuständigkeitsordnung nur neben die des Übereinkommens tritt, stehen dem um einstweiligen Rechtsschutz Nachsuchenden wahlweise auch die Gerichtsstände nach dem Übereinkommen zur Verfügung. Soweit das Recht am Ort eines der letztgenannten Gerichtsstände etwa großzügiger hinsichtlich des Inhalts oder der Voraussetzungen zum Erlaß einer einstweiligen Maßnahme ist, kann dies für ihn durchaus von Vorteil sein[4].

Wie das Verhältnis zwischen nationalem Recht und europäischer Zuständigkeitsordnung rechtstechnisch bezeichnet werden soll, etwa als Subsidiarität des nationalen Zuständigkeitsrechts[5], oder als „Nebeneinandertreten"[6], mag mangels Bedeutung hier dahinstehen.

B. Anwendungsbereich des Art. 24 GVÜ

I. Anwendungsvoraussetzung

Art. 24 GVÜ setzt für einstweilige Maßnahmen nicht etwa das Übereinkommen als solches außer Kraft, sondern regelt positiv für derartige Maßnahmen die internationale Zuständigkeit unter Zuhilfenahme des nationalen Rechts. Als Regelungsbestandteil des GVÜ setzt Art. 24 für seine Anwendung die Anwendbarkeit des Übereinkommens selbst (Art. 1), sowie als Bestandteil des Zuständigkeitskataloges die Anwendbarkeit dieses Kataloges, d. h. der Vorschriften der Art. 2 ff. voraus[7].

Die früher vereinzelt vertretene Auffassung, Art. 24 enthalte für einstweilige Maßnahmen eine Zuständigkeitsregelung, die über den Anwendungsbereich des Übereinkommens nach Art. 1 hinausgehe[8], ist seit der Entscheidung „De Cavel I" des EuGH widerlegt[9]. Weder in Art. 24 noch in sonstigen Bestimmungen des Übereinkommens läßt sich eine rechtliche Grundlage dafür finden, bezüglich des Anwendungsbereiches zwischen einstweiligen und endgültigen Maßnahmen zu unterscheiden[10]. Art. 24 zielt ausdrücklich darauf ab, daß für die Entscheidung in der Hauptsache eine Zuständigkeit aufgrund des Übereinkommens gegeben ist.

---

[4] Grunsky, a.a.O.
[5] *Geimer*/Schütze, Bd. I/1, § 29 XVI Nr. 2 S. 234.
[6] Müller, a.a.O.
[7] *Geimer*/Schütze, Bd. I/1, § 29 XVI Nr. 3 S. 235.
[8] App. Bruxelles 1. 4. 1977 Journal des Tribunaux 1978, 119 mit zust. Anm. von Stranart.
[9] EuGHE 1979, 1055 (1067); bestätigt in EuGHE 1982, 1189 (1204); Sauveplanne, IPRAX 1983, 65 (66).
[10] Kropholler, EuGVÜ, Art. 24 Rdn. 4; EuGH a.a.O.

1. Kap.: Regelungsumfang und Anwendungsbereich des Art. 24 GVÜ

Eine Einbeziehung von einstweiligen Maßnahmen auf Rechtsgebieten, die vom Anwendungsbereich des Übereinkommens ausgenommen sind, allein aufgrund ihrer Einstweiligkeit, kommt deshalb nicht in Betracht[11]. Der Anwendungsbereich der Konvention ist einheitlich zu definieren[12].

Hinsichtlich der auf den Streitgegenstand abstellenden Anwendungsvoraussetzungen des Art. 1 GVÜ, wird die Frage nach der Abhängigkeit der einstweiligen Maßnahme von der Hauptsache relevant. Das gilt sowohl bezüglich des Verhältnisses zwischen einstweiliger Maßnahme und Hauptsache im eigentlichen Sinne, wie auch bezüglich der verfahrensrechtlichen Einbettung der einzelnen Maßnahme etwa als akzessorischer Nebenantrag im Rahmen eines Entscheidungsverbundes. Beides ist jedoch streng voneinander zu trennen, denn letztgenanntes betrifft nur das Verhältnis Haupt- zu Nebenantrag und nicht Hauptverfahren zu einstweiliger Maßnahme.

II. Verfahrensrechtliche Einbindung

Praktische Bedeutung erlangt die Frage der verfahrensrechtlichen Verbindung etwa bei Unterhaltsanordnungen nach § 620 Abs. 1 Nr. 6 ZPO oder Art. 270 Code Civil (F), die im Rahmen eines Ehescheidungsverfahrens erlassen werden. Das Ehescheidungsverfahren selbst ist nach Art. 1 Abs. 2 GVÜ ausdrücklich vom Anwendungsbereich des Übereinkommens ausgeschlossen. Unterhaltssachen liegen jedoch, wie Art. 5 Nr. 2 GVÜ zeigt, innerhalb des Anwendungsbereiches[13].

Fraglich ist damit, ob allein der Erlaß der einstweiligen Maßnahme im Rahmen eines Hauptverfahrens, dessen Streitgegenstand nach Art. 1 Abs. 2 GVÜ aus dem Anwendungsbereich der Konvention ausgeschlossen ist, dazu führt, daß die Konvention auch für die einstweilige Maßnahme keine Anwendung findet[14].

Während die Entscheidung „De Cavel I"[15] diese Fragen offenließ[16], stellte der EuGH in der Entscheidung „De Cavel II" klar[17], daß es für

---

[11] EuGHE 1979, 1055 (1067).

[12] *Geimer*/Schütze, Bd. I/1, § 29 XVI 3. Fn. 214 S. 235.

[13] Zöller/*Geimer*, IZPR Rdn. 684; OLG Frankfurt IPRAX 81, 136 mit Anm. Schlosser.

[14] So in der Tat: OLG Frankfurt JZ 1977, 803; Trib. de lere instance de Charleroi, Beschluß vom 20. 1. 1977 in Rspr. Übersicht zum GVÜ (Dokumentation des EuGH Folge 3 [1979] Nr. 90); Trib. Milano vom 17. 3. 1975, Riv.Dir.-Int.priv.Proc. 12 (1976), 805.

[15] EuGHE 1979, 1055 („De Cavel I").

[16] Hausmann (FamRZ 1980, 421) will aus den Gründen der Entscheidung („De Cavel I") herleiten, daß der EuGH aufgrund der Verbindung mit einem Ehescheidungsverfahren eine Unterhaltsanordnung nicht vom Anwendungs-

die Frage der Anwendbarkeit des Übereinkommens auf das Rechtsgebiet ankommt, dem der akzessorische Antrag selbst zuzurechnen ist. Ohne Bedeutung dagegen ist das Rechtsgebiet des Hauptantrages[18].

Begründet wird dies damit, daß das Übereinkommen das Schicksal von akzessorischen Anträgen nach seinem gesamten System nicht an das des Hauptantrages bindet[19]. So läßt es z. B. Art. 42 GVÜ zu, daß im Fall der Klagehäufung nur einzelne der geltend gemachten Ansprüche aus einer Entscheidung für vollstreckbar erklärt werden, weil bezüglich der übrigen Hindernisse gleich welcher Art bestehen.

Gerade bezüglich des Anwendungsbereiches erhellt Art. 5 Nr. 4 GVÜ, daß die verfahrensrechtliche Einbindung eines Antrags nicht erheblich ist. Ein Strafgericht, dessen Hauptentscheidung, das Strafurteil, sicherlich nicht vom Anwendungsbereich der Konvention umfaßt ist, kann im Adhäsionsverfahren über die damit verbundenen zivilrechtlichen Ansprüche entscheiden. Diese Entscheidung ist bezüglich Entscheidungszuständigkeit und Vollstreckbarkeit durch das GVÜ geregelt, obgleich sie im Rahmen eines Verfahrens ergeht, das aus dem Anwendungsbereich nach Art. 1 GVÜ ausgeschlossen ist.

III. Bestimmung der Streitmaterie

Ausschlaggebend für die Frage, ob sich der Anwendungsbereich des GVÜ auch auf die jeweilige einstweilige Maßnahme erstreckt, ist folglich das Rechtsgebiet, dem diese selbst zuzurechnen ist. Damit ist jedoch nicht gesagt, ob etwa die einstweilige Maßnahme vom Anwendungsbereich umfaßt sein kann, obgleich die Hauptsache, d. h. das Verfahren bezüglich des Verfügungs- bzw. Arrestanspruches, außerhalb liegt.

Bei einstweiligen Verfügungen auf Leistungserbringung etwa ist offensichtlich, daß die einstweilige Maßnahme nicht anders beurteilt werden kann als das Hauptverfahren. Wegen des engen Zusammenhanges mit der Hauptsache lassen sich derartige Maßnahmen, etwa Unterhaltsanordnungen im Eherecht, ohne Probleme im Hinblick auf Art. 1 GVÜ charakterisieren[20].

---

bereich des GVÜ umfaßt ansieht. Diese Meinung ist auf die unzulässige Gleichsetzung von Hauptsache und Hauptverfahren zurückzuführen. Während der EuGH eindeutig auf die Hauptsache allein bezüglich des Anordnungsanspruches selbst abstellt (EuGHE 1979, 1067 Gründe Nr. 9), setzt Hausmann dies mit dem Hauptverfahren bezüglich des Ehescheidungsverbundes gleich.

[17] EuGHE 1980, 731 (741) („De Cavel II").
[18] EuGHE a.a.O.; Pocar, RabelsZ 42 (1978), 410.
[19] Martiny, RabelsZ 45 (1981), 440.
[20] Basedow, IZVR Bd. 1, Kap. II Fn. 280.

Ungleich schwieriger sind einstweilige sichernde Maßnahmen einzuordnen, da der Streitgegenstand dabei, beim Arrest etwa der Anspruch auf Sicherung, vom Streitgegenstand der Hauptsache, dem zu sichernden Anspruch, wesentlich verschieden ist[21].

Von dieser Verschiedenheit der Streitgegenstände ausgehend, hat in einer parallelen deutschrechtlichen Problematik das OLG Hamm entschieden[22], daß ein Arrestverfahren zur Sicherung von Unterhaltsansprüchen i. S. des § 23 b Abs. 1 Nr. 6 GVG keine Familiensache im Sinne dieser Vorschrift sei. Zu Recht ist der BGH dem entgegengetreten[23]. Zwar bestätigt er, daß der Streitgegenstand im prozessualen Sinne im Arrestverfahren ein anderer als im Hauptverfahren ist, dennoch kann dies alleine nicht entscheidend für die Einordnung sein. Der Gegenstand des Arrestverfahrens weist einen so engen sachlichen Bezug zum Hauptsacheanspruch auf, daß das Arrestverfahren an diesem orientiert zu charakterisieren ist[24].

In gleicher Weise stellt der EuGH[25] nicht auf die eigene Rechtsnatur der sichernden Maßnahme, sondern auf diejenige des durch sie gesicherten Anspruches ab. Da einstweilige sichernde Maßnahmen „neutral" sind, sie sind geeignet die verschiedenartigsten Rechte zu sichern, ist eine Einordnung nach ihrem eigenen Streitgegenstand allein nicht möglich. Ein Arrest als bloße Sicherungsmaßnahme, läßt ohne Blick auf den zugrundeliegenden Arrestanspruch nicht erkennen, ob diese Sicherungsmaßnahme etwa dem Erbrecht oder aber dem Kaufrecht zuzuordnen ist. Die Zugehörigkeit der einstweiligen sichernden Maßnahmen zum Anwendungsbereich des Übereinkommens bestimmt sich deshalb nach der Rechtsnatur der durch sie gesicherten Ansprüche[26].

Zusammenfassend läßt sich deshalb feststellen, daß das Übereinkommen für einstweilige Maßnahmen Anwendung findet, soweit diese selbst vom nach Art. 1 GVÜ definierten Anwendungsbereich umfaßt

---

[21] Ahrens, § 25 I S. 264.
[22] NJW 1978, 57.
[23] NJW 1980, 191.
[24] BGH a.a.O.; Ahrens, § 25 I S. 265 Fn. 5.
[25] EuGHE 1979, 1055 (1066) „De Cavel I".
[26] Basedow, IZVR, Bd. 1 Kap. II Rdn. 94; Martiny, IZVR, Bd. 3/2 Kap. II Rdn. 53; Hartley, Civ. Jur. and Judg., S. 78; Kropholler, EuGVÜ, Art. 24 Rdn. 4. Auch die von Basedow und Martiny als gegenteilige Auffassung zitierte Abhandlung von Hausmann (FamRZ 1980, 442) ist im gleichen Sinne zu verstehen. Wenn er darauf abstellt, daß die Maßnahme „für sich alleine betrachtet" unter Art. 1 GVÜ fällt, so ist dies nicht auf die Hauptsache, sondern das übrige Verfahren in dessen Verbund die einstweiligen Maßnahmen erlassen wird, bezogen. Dies wird auch deutlich durch die Bezugnahme auf Stein/Jonas/*Schlosser* § 634 Rdn. 7. Das Mißverständnis beruht auf der fehlenden Herausarbeitung des Unterschiedes zwischen Hauptsacheverfahren auf der einen Seite und Hauptantrag im Verfahrensverbund andererseits.

sind und der Antragsgegner in einem anderen Vertragsstaat seinen Wohnsitz hat (Art. 4 Abs. 1 GVÜ).

Die einstweilige Maßnahme wird regelmäßig dann vom nach Art. 1 definierten Anwendungsbereich umfaßt sein, wenn dies bezüglich des Hauptsacheverfahrens festgestellt werden kann.

In welchem Verfahren die einstweilige Maßnahme ergeht, ist ohne Bedeutung. Soweit die genannten Voraussetzungen nicht bestehen, ist die internationale Zuständigkeit allein nach nationalem Recht zu bestimmen.

Zweites Kapitel

Die nach Art. 24 GVÜ eröffneten Gerichtsstände

Zweck der Ausnahmeregel des Art. 24 GVÜ ist es, den Rechtsschutz des Gläubigers zu erleichtern, indem diesem für einstweilige Maßnahmen der Zugang auch zu den Gerichtsständen eines Wohnsitzstaates eröffnet wird, die im Zuständigkeitskatalog des GVÜ nicht vorgesehen sind.

A. Die nicht exorbitanten Gerichtsstände

Fraglich ist jedoch, ob dadurch auch die sogenannten exorbitanten Gerichtsstände des Ausschlußkataloges nach Art. 3 Abs. 2 GVÜ für einstweilige Maßnahmen offenstehen. Jedenfalls ist der Erlaß einstweiliger Maßnahmen in den sonstigen nicht vom GVÜ übernommenen nationalen Gerichtsständen zulässig[1].

Dies sind insbesondere der Gerichtsstand am Ort des Enstehens der Verbindlichkeit (formum obligationis), der explizit z. B. in der italienischen c.p.c. als Ausländerforum (Art. 4 Nr. 2) und auch als genereller Gerichtsstand (Art. 20) vorgesehen ist[2]. In der deutschen ZPO findet sich dieser Gerichtsstand nur in sehr beschränkter Form als Gerichtsstand des Meß- oder Marktortes (§ 20 ZPO).

Das englische Recht kennt weiter die internationale Zuständigkeit eines englischen Gerichts aufgrund anwendbaren englischen Sachrechts (forum legis).

Im deutschen Recht ist das forum rei sitae auch für bewegliche Sachen vorgesehen (§ 23 1. Alt. ZPO), während das GVÜ es nur für unbewegliche Sachen rezipiert hat (Art. 16 Nr. 1).

Der Gerichtsstand der Vermögensverwaltung (z. B. § 32 ZPO) ist im GVÜ nur bedingt, d. h. für Trustsachen im Sinne des englischen Rechts vorgesehen (Art. 5 Nr. 6).

---

[1] a. A. OLG Koblenz NJW 1976, 2081 mit zust. Anm. Puttfarken, RIW/AWD 1977, 360; s. a. unten B II; *Geimer*/Schütze, Bd. I/1, 81 XVI S. 537 ff. und § 41 S. 269 ff.

[2] s. a. Art. 635 Nr. 2 Code judiciaire (Belgien); Order 11 r. 1 (f) Rules of the Supreme Court (UK).

Weitere nicht übernommene Gerichtsstände des deutschen Rechts sind der Gerichtsstand des Zahlungsortes für Wechsel und Scheckklagen (§ 603 ZPO), der Gerichtsstand des Heimathafens für seerechtliche Klagen (§ 488, 508 HGB), der Gerichtsstand des Hauptprozesses für Gebühren und Auslagen des Prozeßbevollmächtigten (§ 34 ZPO), sowie der Gerichtsstand des dauernden Aufenthaltes (§ 20 ZPO).

Einzugehen ist schließlich auf die Regelung des GVÜ bezüglich Klagen gegen Gesellschaften bzw. aus dem Gesellschaftsverhältnis. Der Gerichtsstand juristischer Personen an ihrem Sitz (z. B. § 17 ZPO) ist im Anwendungsbereich des GVÜ nur für bestimmte Klagen vorgesehen (Art. 16 Nr. 2). Klagen aus dem Mitgliedschaftsverhältnis sind durch die Auslegung des Art. 5 Nr. 1 durch den EuGH entsprechend § 22 ZPO am Sitz der Gesellschaft möglich[3].

B. Die exorbitanten Gerichtsstände und einstweilige Maßnahmen

I. Art. 7 EWGV und exorbitante Gerichtsstände

1. Problemstellung

Ungleich schwieriger ist die Frage nach der Geltung der bereits angesprochenen sogenannten exorbitanten Gerichtsstände des Kataloges des Art. 3 Abs. 2 GVÜ zu beantworten. Deren Geltung könnte im Anwendungsbereich des EWG-Vertrages durch dessen Diskriminierungsverbot (Art. 7) ausgeschlossen sein. EWG-Primärrecht[4], insbesondere die Generalklauseln des EWG-Vertrages wie das Diskriminierungsverbot, sind unmittelbar anwendbares Recht[5], das einfachem nationalem Recht vorgeht[6].

---

[3] EuGHE 1983, 987.

[4] Zu den europarechtlichen Rechtsquellen Schweitzer/Hummer, § 4 B.

[5] Schlosser, RIW/AWD 1983, 473 (477) m. w. N.

[6] Deutschland: BVerfGE 31, 174; v. Münch, GG, Art. 24 Rz. 49; H. P. Ipsen, S. 289.
Niederlande und Luxemburg sehen in der eigenen nationalen Verfassung den Vorrang des Gemeinschaftsrechts vor.
Belgien anerkennt den Vorrang seit Cour de Cassation, Bruxelles, v. 27. 5. 1971 (EuR 1971, 26 ff.).
Frankreich anerkennt den Vorrang in gefestigter Rechtsprechung seit Cour de Cassation v. 24. 5. 1975 (EuR 1975, 326).
Italien sieht grundsätzlich Gemeinschaftsrecht als vorrangig an, will aber Rechtskontrolle über Vereinbarkeit des Vertrages mit Grundprinzipien der italienischen verfassungsrechtlichen Ordnung behalten (Corte Costituzionale EuR 1974, 261).
United Kingdom anerkennt den Vorrang des Gemeinschaftsrechtes durch High Court of Justice vom 7. 11. 1973 (CMLR 1973, 819 ff.).

Als Vorfrage ist hier jedoch zunächst zu untersuchen, inwieweit Art. 7 EWGV für eine Bestimmung eines nach Art. 220 EWGV abgeschlossenen Vertrages zulässiger Kontrollmaßstab ist und inwieweit dieser deshalb bei der Auslegung von Art. 24 GVÜ zu berücksichtigen ist. Entscheidend dafür ist die von der Rechtsquellenqualität des GVÜ abhängige normenhierarchische Stellung desselben.

Soweit Art. 7 EWGV, EG-Primärrecht, als gleichrangig mit Vertragsbestimmungen aus Verträgen nach Art. 220 EWGV anzusehen wäre, wäre weiter zu prüfen, ob die durch Art. 24 für anwendbar erklärten nationalen Gerichtsstände dadurch von Art. 24 rezipiert und somit Teil einer Bestimmung des Vertrages selbst geworden sind, oder ob Art. 24 lediglich gleich einer IPR-Norm die Frage der Anwendbarkeit welchen nationalen Rechtes regelt. Nur im letzten Fall wären dann nämlich die nationalen Bestimmungen einer eigenen Überprüfung der Vereinbarkeit mit Art. 7 EWGV zugänglich.

Eine von diesem Ansatz verschiedene Meinung vertritt Basedow[7]. Er geht davon aus, daß Ausführungsverträge des Art. 220 EWGV wie das GVÜ kein sekundäres Gemeinschaftsrecht sein können, da sie nicht aus Rechtssetzungsakten der Gemeinschaft, sondern unmittelbar aus der Souveränität der Mitgliedsstaaten ihren Geltungsanspruch herleiten. Damit ist jedoch nicht unbedingt die Einordnung als Primärrecht verbunden. Entscheidender Grund dafür, daß an eine Beeinträchtigung der Wirksamkeit von Vertragsbestimmungen der Ausführungsverträge durch den EWGV nicht zu denken sei, soll die fehlende Justiziabiltät derartigen Rechts durch den EuGH sein.

Da fehlende Verwerfungskompetenz eine Beeinträchtigung aufgrund etwaiger Normenhierarchie nicht denkgesetzlich ausschließt, ist dieser Ansatz angreifbar. Letztendlich geht Basedow dennoch aufgrund der Einbettung des GVÜ in den EWG-Vertrag über dessen Art. 220 von einem Vorrang der EWG-Vertragsbestimmungen im Falle des Konfliktes mit dem GVÜ aus.

2. *Rechtsquellenqualität des GVÜ*

Zur Rechtsquellenqualität der Verträge nach Art. 220 EWGV, insbesondere des GVÜ, und damit ihrer Überprüfbarkeit am Kontrollmaßstab des EWG-Vertrages bestehen verschiedene Meinungen. Umstritten ist im wesentlichen die Einordnung als Gemeinschaftsrecht oder als Völkervertragsrecht.

Im Anschluß an Schlosser[8] wird das GVÜ von einem Teil der Literatur als Primärrecht der Gemeinschaft angesehen[9].

---

[7] IZVR, Bd. I Kap. II Rz. 11.

B. Die exorbitanten Gerichtsstände und einstweiligen Maßnahmen

Begründet wird dies mit der Entstehungsgeschichte, sowie der Übertragung der Auslegungskompetenz auf den Europäischen Gerichtshof. In die Nähe von EG-Recht wird es durch die Beteiligung der Organe der EG gerückt. Auf Einladung der Kommission hin wurde ein Sachverständigenausschuß eingesetzt, der das Übereinkommen erarbeitete. Auf einer Sitzung des EG-Ministerrates wurde es unterzeichnet und sodann von den Mitgliedstaaten ratifiziert, wobei der Generalsekretär des Rates der Europäischen Gemeinschaften u. a. die Hinterlegung der Ratifikationsurkunden notifiziert (Art. 64 EuGVÜ)[10].

Die Konvention ist geschlossen und deshalb Mitgliedsstaaten der EG vorbehalten[11]. Diese sind umgekehrt nach Art. 3 Abs. 2 der Beitrittsakte zum Beitritt verpflichtet[12].

Um die einheitliche Auslegung und damit die Wirksamkeit des Übereinkommens sicherzustellen, wurde angelehnt an Art. 177 EWGV die Auslegungskompetenz durch das Protokoll v. 27. 9. 1968 dem EuGH übertragen. Vom Vorabentscheidungsverfahren nach Art. 177 EWGV weicht es jedoch in einigen Punkten ab. Insbesondere sind nur die Rechtsmittelgerichte zur Vorlage befugt[13].

Gerade die eigene Übertragung der Auslegungskompetenz zeigt, daß es sich bei den Verträgen nach Art. 220 EWGV nicht um Gemeinschaftsrecht handelt. Wäre das Übereinkommensrecht Gemeinschaftsrecht, bestünde bereits durch Art. 177 EWGV ein umfassendes Verfahren, das die einheitliche Auslegung garantierte. Dies müßte nicht erst durch das Übereinkommen, bzw. gesondertes Protokoll, eingeführt werden.

Für die Qualifizierung der h. M. als selbständiges Staatenvertragsrecht, das innerstaatlich als Landesrecht bzw. als innerstaatlich anzuwendendes Völkerrecht anzusehen ist[14], sprechen noch weitere Argumente. Gemeinschaftsrecht wird als unabhängige, autonome Rechtsmasse anerkannt[15]. Geltungsgrund für Primärrecht ist der Beitritt zu den drei ursprünglichen europäischen Verträgen. Durch den EG-Beitritt

---
[8] NJW 1975, 2132.
[9] Stein/Jonas/*Schumann*, Einl. IZPR Rdnr. 781 m. w. N.; Baumgärtel, FS Kegel (1977), S. 288; Zöller/*Geimer*, Einl. IZPR Rdn. 641.
[10] Historischer Überblick bei Basedow, IZVR, Bd. I Kap. II Rz. 14 ff.
[11] v. d. Groeben/*Schwartz*, Art. 220 Rdn. 10/11.
[12] v. d. Groeben/*Schwartz*, Art. 220 Rdn. 9.
[13] Zöller/*Geimer*, IZPR Anm. 645.
[14] Das europarechtliche Schrifttum: Ipsen, S. 698; Constantinesco, S. 537; Schweitzer/Hummer, S. 40, sowie v. d. Groeben/*Schwartz*, Art. 220 Rdn. 94; derselbe ausführlich zum Meinungsstand in FS Grewe S. 551 ff. (607); Bülow/Böckstiegel, Vorb. 3 606/9; Kropholler, EuGVÜ, Einl. Rdn. 7; Jung S. 20 ff.; Samtleben, NJW 1974, 1590.
[15] Ipsen, S. 63; EuGHE 1960, 1251 (1257); BVerfGE 22, 293 (296).

allein jedoch gelten die Bestimmungen des GVÜ nicht. Sie fallen in den Zuständigkeitsbereich der Mitgliedsstaaten und bedürfen deshalb eines eigenen nationalen parlamentarischen Zustimmungsverfahrens bzw. einer Transformation in nationales Recht[16]. Dieses allen Vertragsstaaten gemeinsame Verständnis von der Rechtsquellenqualität des GVÜ wird durch die Beitrittsverpflichtung nach Art. 3 Abs. 2 der Beitrittsakte dokumentiert. Für Primärrecht, aber auch für Sekundärrecht, wäre eine derartige Verpflichtung überflüssig, da die Geltung dieser „Rechtsmasse" nach dem EG-Beitritt ohnehin außer Frage steht[17].

Besonders deutlich wird die unterschiedliche Rechtsquellenqualität von Übereinkommen und Gemeinschaftsrecht durch die fehlende inhaltliche Uniformität der Geltung in den verschiedenen Mitgliedsstaaten. So sind ausdrücklich Vorbehalte und Vorbehaltsklauseln zulässig[18], und für Teilbereiche gehen von Mitgliedsstaaten auch mit Drittstaaten abgeschlossene Staatsverträge den Regelungen des GVÜ vor (Art. 57 GVÜ). Gleiches gilt auch für die später nach Inkrafttreten des GVÜ von Mitgliedsstaaten abgeschlossenen Staatsverträge nach dem klaren Wortlaut von Art. 57 GVÜ[19].

Weder mit der Eigenschaft als Primär- noch als Sekundärrecht der Gemeinschaft wäre diese unterschiedliche Geltung des GVÜ in den Vertragsstaaten vereinbar. Gleichheit der Mitgliedsstaaten vor dem Gemeinschaftsrecht ist nach der Rechtsprechung des EuGH unverzichtbar, andernfalls wäre die Funktionsfähigkeit der Gemeinschaft gefährdet[20]. Eingriffe in bestehendes Gemeinschaftsrecht wie durch den Abschluß eines Staatsvertrages nach Art. 57 GVÜ durch einseitigen nationalen Rechtsakt wären nicht nur systemwidrig, sondern darüber hinaus mit dem Rechtscharakter des Gemeinschaftsrechts unvereinbar, da dadurch der Gemeinschaftscharakter verlorenginge[21].

Die Souveränitätsübertragung auf die Gemeinschaft läßt in dem davon erfaßten Bereich keine übergreifende national eigenständige Regelung zu. Da jedoch, wie ausgeführt, für den vom GVÜ geregelten Bereich die Kompetenz der Mitgliedsstaaten selbst erhalten geblieben ist, sind sie zur eigenen Rechtsetzung befugt. Dies jedoch mittels des ihnen

---

[16] Jung, S. 22; v. d. Groeben/*Schwartz*, Art. 220 Rdn. 93; ders. ausführlich in FS Grewe S. 585 ff. unter Hinweis auf UK European Communities Act 1972 Sec. 1 (2) in Verb. mit schedule 1.
[17] Schwartz, FS Grewe S. 590.
[18] z. B. Art. V Abs. 1 des Protokolls zu Art. 65 GVÜ: Ausschluß des Interventions- oder Gewährleistungsgerichtsstandes nach Art. 6 Nr. 2 und 10 GVÜ für Deutschland.
[19] Bülow/Böckstiegel/*Schlafen*, Art. 57 Anm. 1 606/341.
[20] EuGHE 1973, 101 (114).
[21] Jung, S. 23; Constantinesco, Bd. 1, S. 661.

als Nationalstaaten zur Verfügung stehenden Instrumentariums, d. h. dem Abschluß eines völkerrechtlichen Vertrages.

Das GVÜ ist deshalb mit der h. M. als selbständiges Staatenvertragsrecht anzusehen bzw. als Landes- oder innerstaatlich anzuwendendes Völkerrecht[22].

Bestimmungen des EWG-Vertrages wie das Diskriminierungsverbot des Art. 7 sind deshalb höherrangiges Recht, das den GVÜ-Bestimmungen vorgeht.

3. Kollisionsfeststellung

Soweit selbständiges Staatenvertragsrecht bzw. für anwendbar erklärtes nationales Recht mit Bestimmungen des EG-Vertrages kollidiert, besteht zunächst eine Pflicht zur möglicht gemeinschaftskonformen Auslegung[23]. Dies wird schon aus dem völkerrechtlichen Grundsatz der Vertragstreue[24] und dem EG-Vertrag selbst (Art. 5 Abs. 1, Art. 24 Abs. 1) hergeleitet[25].

Soweit der Widerspruch auf diese Weise nicht behebbar ist, gilt ein allgemein anerkannter Anwendungsvorrang des Gemeinschaftsrechts vor dem einfachen nationalen Gesetz oder Rechtsverordnung[26]. Entgegenstehendes nationales Recht wird überlagert und verdrängt.

Ein Verstoß gegen den europäischen Gleichheitssatz des Art. 7 EWGV wäre nach dem Wortlaut der Regelung stets dann gegeben, wenn die Staatsangehörigkeit des Betroffenen Differenzierungskriterium für die unterschiedliche Behandlung in einem Vertragsstaat wäre. Dazu muß nach h. M.[27] nicht nur eine Differenzierung vorliegen, sondern auch eine Diskriminierung hinzutreten. Darunter soll nur die willkürlich unterschiedliche Behandlung verstanden werden[28].

Explizit verwenden Frankreich und Luxemburg (Art. 14 c.p.c.), sowie Italien (Art. 4 Nr. 4 c.p.c.)[29] die Staatsangehörigkeit als Anknüp-

---

[22] v. d. Groeben/*Schwartz*, Art. 220 Rdn. 94.
[23] v. Münch, GG, Art. 24 Rz. 41.
[24] Maunz/Dürig/Herzog, Art. 24 Rz. 9.
[25] Samtleben, RabelsZ 45 (1981), S. 248.
[26] *Schweitzer/Hummer*, § 7 CV; BVerfGE 31, 173.
[27] v. d. Groeben/*Bleckmann*, Art. 7 Rz. 13 m. w. N.
[28] v. d. Groeben/*Bleckmann*, Art. 7 Rz. 14 u. H. auf EuGHE 1973, 1055 (1074) und 1980, 3019.
[29] Art. 4 c.p.c., der Gerichtsstand der Gegenseitigkeit läßt nach seinem Wortlaut die Auslegung zu, er stehe auch Ausländern offen (so offensichtlich Kropholler, IZVR, Bd. 1 Rz. 98). Nach der Rechtsprechung der italienischen Gerichte können sich auf diese Zuständigkeitsvorschrift jedoch nur Italiener berufen (Bülow/Böckstiegel/*Schlafen*, 606/7; Bülow/Böckstiegel/*Linke*, 606/47 Fn. 16 m. w. N.; *Geimer*/Schütze, Bd. I/1, § 50 II 4. S. 310).

fungspunkt und stellen die genannten Gerichtsstände nur Inländern zur Verfügung.

Ein irgendwie gearteter sachlicher Grund für die Privilegierung der eigenen Staatsangehörigen in den genannten Vorschriften läßt sich nicht finden, weshalb diese Differenzierung nach Staatsangehörigkeit auch als willkürlich zu bezeichnen ist.

4. Rechtsfolge der Kollision

a) Gemeinschaftskonforme Auslegung

Dieser Befund, Diskriminierung aufgrund Staatsangehörigkeit bezüglich der Stellung als Kläger, zwingt jedoch nicht zu dem Schluß, die genannten Vorschriften seien schlechthin unanwendbar[30].

Vorrangig im Fall des Widerspruchs zwischen EG-Recht und nationalem Recht ist die gemeinschaftskonforme Auslegung zu betreiben[31].

Nur wenn der Widerspruch auf diese Weise nicht zu lösen ist, ist von der völligen Unanwendbarkeit der nationalen Norm auszugehen. Zur Wahrung der Souveränität der Mitgliedsstaaten ist ein Maximum dessen, was der nationale Gesetzgeber geschaffen hat, aufrechtzuerhalten.

Auch die heute nach ganz h. M. anzuwendende Kollisionsregel legt eine (Teil-)Aufrechterhaltung der betroffenen nationalen Norm nahe. Die Regeln des nationalen Rechts stehen zu EG-Recht nicht im Verhältnis eines normenhierarchischen Geltungsvorranges, sondern einfachen Anwendungsvorranges[32]. Dies bedeutet, daß nicht wie etwa z. B. nach Art. 31 GG Nichtigkeit des rangniederen Rechts die Folge der Kollision ist, sondern lediglich die nationale Rechtsnorm insoweit nicht anzuwenden ist[33]. Dieser Anwendungsvorrang gilt nur im Ausmaß des Konfliktes[34].

Naheliegend ist es, die nationalen Regeln über die verfassungskonforme Auslegung von Rechtsnormen unseres nationalen Rechts entsprechend heranzuziehen[35].

---

[30] So aber Schlosser, RIW/AWD 1983, 476; Drobnig RabelsZ 34 (1970) S. 645 Fn. 23; *Geimer*/Schütze, Bd. I/1, § 49 I 4. S. 303; Zweigert in FS Hallstein S. 567 stellt nur die Kollision zwischen Art. 7 EWGV und Art. 14 c.p.c. fest, ohne auf die Rechtsfolge dieser Kollision einzugehen.

[31] v. Münch, GG, Art. 24 Rdn. 21; Zuleeg, JR 1973, 442; v. d. Groeben/*Bleckmann*, Art. 5 Rdn. 13; ders., NJW 1982, 1177 ff.

[32] Schweitzer/Hummer, § 7 C V; Ipsen, S. 287 f.

[33] Ipsen, a.a.O.; Stern, Staatsrecht I, S. 403 u. 405.

[34] Bonner Kommentar Tomuschat, Art. 24 Rdn. 81.

[35] Bleckmann (NJW 1982, 1177), stellt beim EuGH eine stillschweigende Übernahme dieser Auslegungsmethode des deutschen Rechts fest. Zur verfassungskonformen Auslegung: Spanner, AöR 91 (1966), 503 ff.; Wank, S. 547 ff.; Bogs, S. 17 ff.; Larenz, Methodenlehre, S. 352.

Zu beachten ist bei der verfassungskonformen Auslegung, oder besser mit Larenz[36] der aufgrund der Verfassung gebotenen teleologischen Reduktion, daß der Konkretisierungsprimat des nationalen Gesetzgebers erhalten bleibt. Das ergibt sich schon aus dem Gewaltenteilungsprinzip[37].

Demzufolge ist dann Zurückhaltung geboten, wenn zur Beseitigung eines Verstoßes eine Vielzahl von Möglichkeiten offensteht[38]. Weiter darf durch verfassungskonforme Auslegung nicht der gesetzgeberische Zweck in einem wesentlichen Ziel verfehlt oder gefährdet werden[39].

Besondere Bedeutung erlangt die Beachtung des Konkretisierungsprimats des Gesetzgebers dann, wenn der Verstoß gegen das Willkürverbot eines Gleichheitssatzes im Raume steht. Hier ist dem weiten Ermessensspielraum des Gesetzgebers bei der Ausgestaltung dessen, was im Einklang mit Willkürverbot steht, Rechnung zu tragen[40]. Solange mehrere Auslegungen, die mit dem Gleichheitssatz im Einklang stehen, möglich sind, kann nicht dem Gesetzgeber insofern vorgegriffen werden, daß die Konformität gerade auf die dem Auslegenden zweckmäßig erscheinende Weise herbeigeführt wird.

Anderes gilt nur, soweit der Gestaltungsspielraum des Gesetzgebers auf eine bestimmte Möglichkeit reduziert ist, mithin nur eine einzige Auslegung mit dem Gleichheitssatz in Übereinstimmung zu bringen ist. In allen anderen Fällen würde ansonsten die Auffassung des Gesetzgebers von Gerechtigkeit durch diejenige des Auslegenden substituiert[41].

Bei den hier zur Überprüfung gestellten Rechtsnormen läßt sich der festgestellte Widerspruch zum Diskriminierungsverbot des Art. 7 EWGV, neben der totalen Unanwendbarkeit, nur auf die Weise beheben, daß die Gerichtsstände allen EG-Staatsangehörigen eröffnet werden. Daß eine derartige Auslegung denkbar und auch praktikabel ist, zeigt Art. 4 Abs. 2 GVÜ, der gegenüber außerhalb des Anwendungsbereiches des GVÜ domizilierten, den Personen, die als Ausländer ihren Wohnsitz im betreffenden Vertragsstaat haben, den Inländern vorbehaltene Gerichtsstände unmittelbar zugänglich macht[42].

Auch in anderem Zusammenhang wird die Kollision einfachen nationalen Rechts mit dem EWG-Vertrag wegen Inländerbegünstigung

---

[36] Larenz, a.a.O.
[37] Hager, S. 19 m. w. N.; BVerfGE 50, 217 (233 ff.).
[38] BVerfGE 52, 369 (379).
[39] Hager, a.a.O.; BVerfGE 8, 28, 34 u. 8, 71, 78.
[40] Leibholz/Rinck, GG, Art. 3 Rdn. 9 m. w. N.
[41] Leibholz/Rinck, GG, Art. 3 Rdn. 10; BVerfGE 3, 182.
[42] Bülow/Böckstiegel/*Schlafen*, 606/46; Geimer-Schütze, Bd. I/1, S. 310; Kropholler, IZVR, Bd. 1 Kap. III Rz. 97.

durch die Auslegung dahin, daß Inländer mit EG-Staatsangehörigen gleichzustellen seien, ausgeräumt[43].

Fraglich ist damit alleine, ob nicht die Autorität des Gesetzgebers ebenso geachtet wäre, wenn die Norm in toto nicht angewandt würde. Dies kann jedoch generell, auch bei wesentlicher Reduktion nicht festgestellt werden. Im Fall der Totalnichtanwendung fehlt eine Bindung an den gesetzgeberischen Willen gänzlich[44]. Entscheidend ist, ob der mit der Vorschrift verfolgte Zweck besser durch Teilreduktion oder totale Nichtanwendung gewahrt bleibt.

Für die hier untersuchten Gerichtsstände gilt, daß sie primär als Auffanggerichtsstände konzipiert sind, die nach dem Willen des Gesetzgebers nur Inländern zugute kommen sollen. Aus der gesetzlichen Systematik der Regelung der gerichtlichen Zuständigkeiten ergibt sich jedoch, daß ersteres im Vordergrund steht und die Diskriminierung von Ausländern sekundär, hier systemfremdes Element ist. Mit der teilreduzierten Anwendung dieser Zuständigkeitsbestimmungen bleibt deshalb der gesetzgeberische Zweck am besten gewahrt[45].

b) Diskriminierung durch Beklagtenbenachteiligung

Zu überprüfen bleibt, inwieweit die reduzierten Zuständigkeitsbestimmungen in dieser Form dann mit den Diskriminierungsverbot im Einklang stehen.

Dabei ist zu bedenken, daß sich hier der Blick weg von der Klägerposition hin zur möglichen Beklagtendiskriminierung wendet.

Daraus ergibt sich, daß nunmehr nicht allein die bereits genannten, sondern alle beziehungsarmen exorbitanten Gerichtsbestände der Vertragsstaaten auf dem Prüfstand stehen. Ob der Gerichtsstand allein aufgrund fehlenden Wohnsitzes im Inland gegeben ist[46], oder wie in Deutschland (§ 23 1. Alt. ZPO) zusätzlich Vermögen mit geringstem Geldwert[47] für fast jedwede vermögensrechtliche Streitigkeit vorausgesetzt wird, macht tatsächlich keinen relevanten Unterschied.

Soweit sich die Wohnsitzanknüpfung als versteckte Diskriminierung erweisen sollte, kann die im deutschen Recht zusätzlich geforderte Vermögensbelegenheit, jedenfalls in der Auslegung der deutschen Praxis[48], diese nicht zum sachgerechten Differenzierungskriterium erheben.

---

[43] Zuleeg, JR 1973, 443.
[44] Hager, S. 17.
[45] Bauer, RabelsZ 1966, 483.
[46] z. B. in den Niederlanden Art. 126 Abs. 3 Rv.
[47] „Gummischuhe" bei Breit, JW 1911, 696.
[48] Stein/Jonas/*Schumann*, § 23 Rdn. 11 ff.

B. Die exorbitanten Gerichtsstände und einstweiligen Maßnahmen 27

Zwar wird in den zu überprüfenden Gerichtsständen in der hier herausgearbeiteten Ausgestaltung keine explizite Ausländerdiskriminierung ausgesprochen, jedoch auch „verschleierte" Diskriminierung ist durch Art. 7 Abs. 1 EWGV verboten[49]. Der EuGH hat mehrfach festgestellt[50], daß alle versteckten Formen der Diskriminierung, die durch die Anwendung anderer Unterscheidungsmerkmale tatsächlich zu dem gleichen Ergebnis führen wie bei offensichtlicher Anknüpfung an die Staatsangehörigkeit, ebenfalls gegen Art. 7 EWGV verstoßen[51]. Das praktische Ergebnis ist also wichtiger als das gewählte Unterscheidungsmerkmal[52].

Unzweifelhaft ist, daß die Wohnsitzanknüpfung in der Regel zu Inländerbegünstigungen bzw. Benachteiligungen von Ausländern führt, da zwar nicht generell, aber doch ganz überwiegend jeder Staatsbürger seinen Wohnsitz im Heimatstaat hat. Die Regelung kann deshalb durchaus in gewisser Weise als Diskriminierung von Staatsbürgern aus Mitvertragsstaaten angesehen werden, da die Wohnsitzanknüpfung eine verschleierte Differenzierung nach Staatsangehörigkeit darstellt.

Allein deshalb läßt sich jedoch noch nicht eine gegen Art. 7 EWGV verstoßende Diskriminierung feststellen. Anders als etwa die Differenzierung nach Geschlecht, Religion, etc. im Rahmen des Art. 3 Abs. 2 und 3 GG, ist die Differenzierung nach Staatsangehörigkeit allein nach h. M. noch nicht notwendig ein Verstoß gegen den europäischen Gleichheitssatz aus Art. 7 EWGV. Während Differenzierungen nach den in Art. 3 Abs. 2 und 3 GG genannten Kriterien stets als Verstoß gegen den Gleichheitssatz des Grundgesetzes gewertet werden, es sei denn sie sind durch objektive Gegebenheiten bedingt (z. B. Mutterschutz)[53], soll nach der h. M. die Differenzierung nach Staatsangehörigkeit nur dann gegen Art. 7 EWGV verstoßen, wenn für sie überhaupt keine objektive Rechtfertigung zu finden ist, sie also als willkürlich erscheint[54].

Sachlicher Grund für die Bereitstellung eines derartigen Gerichtsstandes ist die aus dem Justizgewährungsanspruch[55] des Klägers gegenüber dem Staat herrührende Notwendigkeit, jedenfalls in Fällen negativen internationalen Kompetenzkonfliktes eine Notzuständigkeit zu

---

[49] v. d. Groeben/*Bleckmann*, Art. 7 Rz. 14.
[50] EuGHE 1974, 153; 1980, 1553 und 3427; 1981, 1413.
[51] Ebenso Schlosser, RIW/AWD 1983, 473 (484).
[52] Generalanwalt Mayras im Schlußantrag zu EuGHE 1980, 3427 (3443).
[53] Leibholz/Rinck, Art. 3 Anm. 8; Maunz/Dürig/Herzog, Art. 3 Abs. 1 Anm. 262.
[54] v. d. Groeben/*Bleckmann*, Art. 7 Rdn. 14; EuGHE 1973, 1055 (1074); EuGHE 1980, 3005 (3019).
[55] Zum Justizgewährungsanspruch: Zöller/*Vollkommer*, Einl. Rdn. 49; Zöller/Geimer, IZPR, Rdn. 757 ff.; ders. in *Geimer*/Schütze, Bd. I/1, § 42 II S. 285 f.

eröffnen. Diese Funktion wird vom deutschen exorbitanten forum § 23 I 1. Alt. ZPO übernommen, weil er fast alle Konstellationen abdeckt, in denen ein Rechtsschutzbedürfnis im Inland vorstellbar ist[56]. Inwieweit diesem Justizgewährungsanspruch durch die Verweisung auf ausländische Gerichte stets ausreichend Rechnung getragen wird, erscheint darüber hinaus fraglich.

Weiterer sachlicher Grund für die Bereitstellung eines Auffanggerichtsstandes für die hier interessierenden einstweiligen Maßnahmen, ist das berechtigte Interesse des Gläubigers am hinreichend raschen Rechtsschutz im Inland in den Fällen, in denen kein anderer inländischer Gerichtsstand einschlägig ist.

Zwar ist durch die Freizügigkeit auch einer einstweiligen Maßnahme der Rechtsschutz im grenzüberschreitenden Zivilrechtsverkehr wesentlich verbessert worden. Dennoch muß stets ein ausländisches behördliches Verfahren vor der Vollstreckung eines solchen Titels durchlaufen werden.

Selbst wenn durch die Regelungen des GVÜ (Art. 25 ff.) dieses Verfahren stark vereinfacht und gestrafft worden ist, bleibt ein Interesse am Verfahren in einem inländischen Auffanggerichtsstand bestehen. Nicht zuletzt die Wahl des dem Kläger vertrauten heimatlichen Verfahrensrechts ist davon abhängig.

Die Einschätzung, ob dieses Interesse hinreichend ist oder nicht, ist dem Gesetzgeber vorbehalten. Als willkürlich, weil ohne jeden sachlichen Grund, läßt sich die Aufrechterhaltung deshalb nicht bezeichnen. Dies wäre nur dann der Fall, wenn überhaupt kein sachlicher Grund für die Aufrechterhaltung auffindbar wäre.

Zurückhaltung bezüglich der Feststellung einer diskriminierenden Differenzierung nach Staatsangehörigkeit und damit eines Verstoßes gegen Art. 7 ist hier auch deshalb geboten, weil der Bereich Jurisdiktion in Art. 220 EWGV speziell angesprochen wird. Der EWGV toleriert außerhalb der schon vereinheitlichten Materien gewisse Unterschiede der nationalen Rechtsordnungen, die Wettbewerbsverfälschungen und Diskriminierungen zur Folge haben[57]. Derartige Rechtsverschiedenheiten müssen durch das vom EG-Vertrag zur Verfügung gestellte Instrumentarium der Rechtsangleichung allmählich beseitigt werden. Angriffspunkt einer Überprüfung einer Regelung nach Art. 7 EWGV kann deshalb nur eine innerstaatliche Verschiedenbehandlung sein[58], hier also nur die Benachteiligung von Beklagten ohne Wohnsitz im Inland.

---

[56] Zöller/*Geimer*, IZPR, Rdn. 405; v. Hoffmann. IPRAX 1982, 217 (220).
[57] v. d. Groeben/*Bleckmann*, Art. 5 Rdn. 13.
[58] Drobnig, RabelsZ 34 (1970), S. 643.

B. Die exorbitanten Gerichtsstände und einstweiligen Maßnahmen

Das im Jurisdiktionsbereich zur Verfügung gestellte Instrument zur Rechtsangleichung ist der mittlerweile erfolgte Abschluß eines Vertrages nach Art. 220 EWGV, des GVÜ's.

II. Ausschluß bestimmter Gerichtsstände aus anderen Gründen (Beschränkung auf spezielle Eilgerichtsstände)

Das GVÜ läßt nach seinem Wortlaut in Art. 24 ohne Einschränkung den Zugang zu allen nationalen Gerichtsständen zu[59].

Eine Auslegung dahin, von den nicht im GVÜ bereitgestellten Gerichtsständen seien hier die exorbitanten Gerichtsstände allein wegen Art. 3 Abs. 2 GVÜ für die einstweiligen Maßnahmen ausgeschlossen[60], ist unzulässig. Art. 3 Abs. 2 GVÜ hat lediglich deklaratorische Bedeutung und keinen eigenen Regelungsgehalt[61].

Denkbar erscheint aber die vom OLG Koblenz vertretene Auslegung[62]. Danach bleiben für einstweilige Maßnahmen neben den vom Übereinkommen genannten Gerichtsständen nur die besonderen Eilgerichtsstände des nationalen Rechts bestehen. Dies läßt sich sicherlich nicht aus dem Wortlaut des Art. 24 GVÜ herleiten[63]. Eine Differenzierung zwischen verschiedenen Gerichtsständen des nationalen Rechts ist daraus nicht ersichtlich. Die nationalen Regeln werden allgemein für anwendbar erklärt, ohne Rücksicht auf die Zuständigkeitsregeln des Übereinkommens[64]. Andernfalls hätte dies im Übereinkommenstext explizit erwähnt werden müssen[65]. Art. 24 wird allgemein so verstanden,

---

[59] So auch im Ergebnis die h. M.: Geimer, RIW/AWD 1975, 85; ders. in *Geimer*/Schütze, Bd. I/1, § 41 2. S. 269 ff.; Grunsky, RIW/AWD 1977, 7; Schlafen, NJW 1976, 2082; Bülow/Böckstiegel/*Müller*, 606/182 Art. 24 Anm. IV; Dittmar, NJW 1978, 1721; Stein/Jonas/*Schumann*, § 23 Rz. 33 Fn. 127; Thomas/Putzo, § 919 Anm. 2 e); OLG Düsseldorf, NJW 1977, 2034; LG Bremen, RIW/AWD 1980, 366;

in Frankreich: Trib.gr.instance Nanterre Rev.crit. 1979, 128; Trib.gr.instance Marseille Rev.crit. 1979, 97; Versailles Gaz.Pal. 1979, Jur. 453 mit zustimmender Anm. Mauro;

in den Niederlanden: Bertrams WPNR 1981, 1 ff.; Pres.Rb.Almelo, NJ 1979, 145; Verheul, NILR 1981, 81; ders., NILR 1975, 352.

[60] So aber Mezger, Rev. Critique 1979, 132 in Anm. zu Trib.gr.instance Nanterre 9. 10. 1978; Nagel, IZPR, Rdn. 178; tendenziell Kropholler, EuGVÜ, Art. 24 Rdn. 8.

[61] *Geimer*/Schütze, Bd. I/1, § 49 II S. 306; Schlosser, Bericht 4. Kap. Nr. 178.

[62] NJW 1976, 2081 = RIW/AWD 1977, 359 mit zustimmender Anm. Puttfarken.

[63] So aber Puttfarken, a.a.O., der jedoch von einer unrichtigen Gesamtschau des Systemzusammenhanges ausgeht. Er meint fälschlich, der einzige durch das Abkommen ausgeschlossene deutsche Gerichtsstand sei § 23 1. Alt. ZPO (S. 361 am Anfang).

[64] *Jenard*-Bericht 9. Abschnitt zu Art. 24.

[65] *Geimer*/Schütze, Bd. I/1, § 41 I 3. S. 271.

daß er hinsichtlich der für einstweilige Maßnahmen bestehenden Gerichtsstände den Katalog von Zuständigkeiten eröffnen will, der ohne das GVÜ bestünde[66].

Begründet wird eine Beschränkung der Zuständigkeit für einstweilige Maßnahmen auf besondere Eilgerichtsstände, z. B. § 919 2. Alt. ZPO, aber durch Auslegung des § 919 1. Alt. ZPO dahin, daß damit ausschließlich die Anknüpfung an einen Gerichtsstand gemeint sei, in dem tatsächlich ein Hauptsachegericht entscheiden könne[67]. Eine solche Auslegung auf der Ebene des nationalen deutschen Rechts müßte dann allgemein, d. h. auch in rein nationalen Fällen, Bedeutung haben. Ein derartiger Inhalt kann der Zuständigkeitsanknüpfung an die Hauptsachezuständigkeit jedoch nicht gegeben werden.

Soweit die Hauptsache noch nicht tatsächlich anhängig ist, stellt diese Erwähnung der Zuständigkeit des Hauptsachegerichtes in § 919 ZPO nur eine gesetzestechnische Abkürzung dar[68]. Soweit etwa ein Schiedsgericht in der Hauptsache zuständig ist, ist nach h. M.[69] für den Erlaß einstweiliger Maßnahmen das Gericht zuständig, das ohne den Schiedsvertrag für die Hauptsache fiktiv zuständig wäre. Die Zuständigkeit eines letztendlich nicht in der Hauptsache entscheidenden Gerichtes für den einstweiligen Rechtsschutz ergibt sich auch dann, wenn der Rechtsstreit in der Hauptsache beim unzuständigen Gericht anhängig ist. Für den Erlaß eines Arrestes oder einer e. V. ist diesem die Prüfung seiner wirklichen Zuständigkeit verwehrt, entscheidend ist allein der Gesichtspunkt der Anhängigkeit des Rechtsstreites[70]. Auch die spätere rechtskräftige Klageabweisung oder Verweisung wegen Unzuständigkeit beeinflußt die Wirksamkeit der erlassenen Maßnahmen nicht[71].

Die Argumentation von Puttfarken[72], es solle stets das tatsächlich über die Hauptsache entscheidende Gericht auch, angesichts der größeren Sachkompetenz, den einstweiligen Rechtsschutz gewähren, geht deshalb fehl. Das Gegenteil ist rechtspolitisch wünschenswert, da da-

---

[66] *Geimer*/Schütze, a.a.O.; Bülow/Böckstiegel/*Müller*, Art. 24 I u. IV 606/180; Stein/Jonas/*Grunsky*, § 919 Rz. 2; weitere Nachweise bei Fn. 59 oben.
[67] So das OLG Koblenz, a.a.O.; Puttfarken, a.a.O.
[68] *Geimer*/Schütze, a.a.O.
[69] RGZ 31, 370 (374); Stein/Jonas/*Grunsky*, 19. Aufl. § 919 Anm. II 2. m. w. N.; Zöller/*Vollkommer*, § 919 Rdn. 3; Baumbach/Lauterbach, § 919 B.; Bauer/*Stürner*, § 46 Rdn. 844; Schwab ‚Festschrift Baur (1981), S. 627 ff.; a. A. Stein/Jonas/*Grunsky*, § 916 Rdn. 25 mit abw. Begr.; zum Streitstand: Stein/Jonas/*Schlosser*, § 1034 Rdn. 38.
[70] OLG Hamburg, MDR 1981, 1027; OLG Nürnberg, GRUR 1957, 286; Stein/Jonas/*Grunsky*, § 919 Rdn. 5; Zöller/*Vollkommer*, § 919 Rdn. 8; Baumbach/Lauterbach/Hartmann, § 919 Anm. 2 D; Thomas/Putzo, § 919 Anm. 2 b.
[71] Zöller/*Vollkommer*, a.a.O.; Baumbach/Lauterbach, a.a.O.
[72] Puttfarken, a.a.O.

B. Die exorbitanten Gerichtsstände und einstweiligen Maßnahmen

durch psychologische Festlegungen des über die Hauptsache entscheidenden Richters aufgrund eines nur summarischen Verfahrens vermieden werden[73].

Zu bedenken bleibt schließlich, daß bei einer Beschränkung auf die speziellen Eilgerichtsstände die Regelung des Art. 24 GVÜ gerade für die im Vergleich zum Arrest ungleich bedeutsamere einstweilige Verfügung weitgehend leerliefe. Im Gegensatz zum Arrest ist für die einstweilige Verfügung regelmäßig das Hauptsachegericht zuständig (§ 937 ZPO). Beim Amtsgericht am Ort der Belegenheit des Streitgegenstandes ist nur in Ausnahmefällen ein Gerichtsstand eröffnet (§ 942 (ZPO)[74].

Insbesondere für den fast ausschließlich im Verfügungsverfahren abgewickelten Wettbewerbsprozeß wäre der wichtige Gerichtsstand des Handlungsortes (§ 24 Abs. 2 UWG) für vorbeugende Abwehrverfügungen ausgeschlossen, soweit man diese nicht im Gerichtsstand der unerlaubten Handlung (Art. 5 Nr. 3 GVÜ) zuläßt[75]. § 24 Abs. 2 UWG ist kein spezieller Gerichtsstand ausschließlich für Eilverfahren.

Mit der h. M. ist deshalb davon auszugehen, daß keine Beschränkung der für einstweilige Maßnahmen im Sinne des Art. 24 GVÜ vorgesehenen Gerichtsstände auf die speziellen Eilgerichtsstände des nationalen Rechts eingreift. Art. 24 ist dieser Regelungsgehalt nicht zu entnehmen. Die Zuständigkeitsbestimmungen der deutschen ZPO für das Arrest- bzw. Verfügungsverfahren, soweit sie auf das Gericht der Hauptsache verweisen, sind dahin auszulegen, daß sie die Gerichtsstände eröffnen, in denen ohne das GVÜ ein Hauptverfahren stattfinden könnte.

Ein diskriminierender Verstoß gegen Art. 7 EWGV ist nur bezüglich der exorbitanten Gerichtsstände konstatierbar, die den Zugang Inländern vorbehalten. Diese sind gemeinschaftskonform dahin auszulegen, daß diese allen EG-Bürgern offenstehen.

---

[73] Ahrens, S. 399.
[74] *Geimer*/Schütze, Bd. I/1, § 41 I Nr. 5 S. 271.
[75] So Bülow/Böckstiegel/*Linke*, 606/68 Art. 5 III 2 b.

Drittes Kapitel

„Einstweilige Maßnahmen" nach Art. 24 GVÜ

A. Auslegungsmethoden

Da für den Bereich der einstweiligen Maßnahmen nach Art. 24 der ansonsten für Beklagte mit Wohnsitz in einem Vertragsstaat bestehende Schutz der Art. 2 ff. zur Dispostion des Klägers gestellt wird, fragt es sich, welche konkreten Rechtsschutzmöglichkeiten zu den „einstweiligen Maßnahmen" im Sinne des Art. 24 zu zählen sind.

Dabei muß auf die nach dem jeweiligen nationalen Recht vorgesehenen Maßnahmen zurückgegriffen werden, da im Übereinkommen selbst keine eigenen Definitionen hinsichtlich der Art, der Voraussetzungen, dem Inhalt und den Wirkungen der einstweiligen Maßnahmen vorgesehen sind[1]. Nach h. M. wird das angegangene Gericht stets nach seinem eigenen Recht einstweiligen Rechtsschutz gewähren[2].

Bei der Qualifikation des Begriffs „einstweilige Maßnahmen" ist darauf zu achten, daß der Intention des Vertrages, den Rechtsschutz der innerhalb der Gemeinschaft ansässigen Personen zu verstärken (Präambel GVÜ), Rechnung getragen wird.

Dieser Rechtsschutz, der unter anderem durch Art. 2 ff., Schutz des Beklagten mit Wohnsitz in einem Vertragsstaat vor beziehungsarmen, insbesondere exorbitanten Gerichtsständen im Wohnsitzstaat des Klägers, erzielt wird[3], ist für einstweilige Maßnahmen außer Kraft gesetzt (Art. 24). Darüber hinaus genießen die in diesen Gerichtsständen erlassenen einstweiligen Maßnahmen nach Art. 25 grundsätzlich Freizügigkeit innerhalb der Vertragsstaaten.

Bei der Auslegung von Begriffen des Übereinkommens kommen zwei verschiedene Methoden in Betracht. Die Auslegung kann ent-

---

[1] *Jenard*-Bericht 4. Kapitel 9. Abschnitt; Kropholler, EuGVÜ, Art. 24 Rz. 2.

[2] *Geimer*/Schütze, Bd. I/1, § 39 I 3. m. w. N. Dies ist die konsequente Folge aus der nach h. M. für das anwendbare Verfahrensrecht stets heranzuziehenden lex fori Theorie; a. A. Grunsky, ZZP 89 (1976), 241 (258) einstweiliger Rechtsschutz nach der lex causae.

[3] *Jenard*-Bericht 4. Kapitel B Art. 2.

A. Auslegungsmethoden

weder autonom, d. h. aus dem Übereinkommen selbst heraus, oder aber durch Verweisung auf die jeweilige nationale Rechtsordnung erfolgen[4].

Zwar besteht grundsätzlich Streit über die Bedeutung der vom EuGH mit Vorrang angewandten Methode der vertragsautonomen Auslegung[5]. Ein Begriff wie der vorliegende läßt sich jedoch nur auf diese Weise sinnvoll auslegen[6].

Ein Ziel des Abkommens ist die einheitliche, unter den Vertragsstaaten abgestimmte Regelung der internationalen Zuständigkeit ihrer Gerichte (Präambel GVÜ). Dieses Regelungsziel wäre verfehlt, wenn jeder Vertragsstaat nach eigener Rechtsanwendung bestimmen würde, welche seiner Gerichtsverfahren als auf einstweilige Maßnahmen gerichtete anzusehen sind und deshalb nach Art. 24 den aufeinander abgestimmten Zuständigkeitskatalog außer acht lassen könnten.

Allgemein besteht ein Rechtsgrundsatz dahin, daß internationale Übereinkommen in den Vertragsstaaten möglichst einheitlich anzuwenden sind. Dies wird in neueren Übereinkommen ausdrücklich angeordnet[7], kann jedoch auch ohne weiteres für das EuGVÜ angenommen werden, denn nur so kann eine weitgehende Einheitlichkeit des sich für die Vertragsstaaten und die betroffenen Personen aus der Konvention ergebenden Rechte und Pflichten erzielt werden[8].

Neben der Übertragung der Auslegungskompetenz auf ein supranationales Gericht, d. h. hier den EuGH, ist deshalb die autonome Auslegung eines derartigen für den Anwendungsbereich des Zuständigkeitskataloges erheblichen Begriffes Voraussetzung einer gleichmäßigen Rechtsanwendung in den Vertraggsstaaten.

Die Notwendigkeit einer vertragsautonomen Qualifikation läßt sich auch aus dem Übereinkommen selbst herauslesen. Durch Verwendung der bewußt untechnischen Formulierung „einstweiligen Maßnahme", die keine Entsprechung in den nationalen Prozeßrechtsordnungen hat, wird der zur Auslegung berufene EuGH aufgefordert, eine Interpretation dieses Begriffes ohne Verweisung auf ein nationales Recht zu finden[9].

---

[4] Basedow, IZVR, Bd. 1 Rz. 44; Schlosser, NJW 1977, 457 ff.; Martiny, RabelsZ 45 (1981), S. 427 (432); EuGHE 1976, 1485.
[5] Schlosser, Festschrift Bruns (1980), S. 45; Stein/Jonas/Schumann, Einl. XVG Rz. 786; Bülow/Böckstiegel, B I 1 e Vorb. 5 Fn. 54.
[6] Geimer/Schütze, Bd. I/1, § 39 I 1.; Kropholler, EuGVÜ, Art. 24 Rz. 3; Mezger, Rev. critique 1979, 132.
[7] Art. 7 UNCITRAL Übereinkommen über die Verjährung beim int. Warenkauf; Art. 18 EG-SchuldRÜb.
[8] Martiny, RabelsZ 45 (1981), S. 427 (436); Schlosser, FS Bruns (1980), S. 44.
[9] Basedow, IZVR, Bd. 1 Kap. II Rz. 24; EuGHE 1977, 2175 für den Begriff „ordentlicher Rechtsbehelf".

B. Autonome Auslegung

Fraglich ist, wie eine solche autonome Auslegung vorgnommen werden soll.

I. Allgemeine Auslegungsgrundsätze

Angesichts der Rechtsnatur des GVÜ als völkerrechtlicher Vertrag[1] ist in erster Linie an die für solche Verträge herausgearbeiteten Methoden zu denken[2]. Neben den traditionellen Auslegungsmitteln wie grammatikalischer, systematischer, historischer und teleologischer Auslegung, ist dabei das Restriktionsprinzip in Erwägung zu ziehen[3]. Restriktive Auslegung hat den Zweck, Eingriffe in die Souveränität der Vertragsstaaten auf ein Minimum zu beschränken. Der dahinterstehende Gedanke ist der, daß eine Vermutung dafür streitet, der Staat wolle durch vertragliche Verpflichtung nur ein Mindestmaß an eigener Souveränität preisgeben[4].

Die restriktive Auslegung von Begriffen, die den Anwendungsbereich des Übereinkommens bestimmen, läßt sich mit dem erklärten Ziel desselben, der möglichst umfassenden Rechtsangleichung der angesprochenen Rechtsmaterien in den Vertragsstaaten, nicht in Einklang bringen.

Der Restriktionsgrundsatz wird daher durch das als besondere Interpretationsleitlinie dienende Integrationsmoment verdrängt[5].

Der hinter der autonomen Auslegung stehende Gedanke der Rechtsangleichung und Entscheidungseinheitlichkeit in den Vertragsstaaten verlangt im Gegenteil, daß im Zweifel zuungunsten der eigenständigen Entscheidungsfreiheit der einzelstaatlichen Gerichte die die Integration begünstigende Lösung zu wählen ist[6]. Wegen der erstrebten Einheitlichkeit der Normgeltung kommt deshalb dem Prinzip der internationalen Rechtsanwendungsharmonie besondere Bedeutung zu. Es zielt sowohl auf übereinstimmende Interpretation und Anwendung im Einzelfall, wie auch auf gleichmäßige Fortentwicklung ab[7].

---

[1] s.o. 2. Kap. B I 2.
[2] Bernhardt, Die Auslegung völkerrechtlicher Verträge (1963); Kropholler, Internationales Einheitsrecht (1975).
[3] Bernhardt, a.a.O., S. 143.
[4] Mössner, S. 124; Seidl-Hohenveldern, S. 111; Bernhardt, a.a.O.
[5] Bülow/Böckstiegel, vor Art. 1 Anm. 5 606/15.
[6] Bülow/Böckstiegel, a.a.O.
[7] Jung, S. 25; Kropholler, Internationales Einheitsrecht, S. 242 Fn. 21.

B. Autonome Auslegung

II. Grammatikalische Auslegung

Angesichts der gleichermaßen verbindlichen verschiedenen Sprachfassungen des GVÜ (Art. 68 GVÜ), stößt eine grammatikalische oder Textauslegung auf besondere Probleme. Weder ein Vorrang der etwa spezielleren Version[8] noch die Reduktion auf einen gemeinsamen sprachlichen Kern[9] führt zu verwertbaren Ergebnissen. Die erstgenannte Methode führt oftmals zu einer Auslegung, die nur von sprachlicher Eigenwilligkeit oder innerstaatlichem Recht getragen ist[10]. Die Rückführung auf einen gemeinsamen sprachlichen Kern liefe dem Grundsatz der gleichen Verbindlichkeit aller Texte zuwider, da er diese gewissermaßen auf die Bedeutung der engsten von ihnen reduzierte[11]. Soweit verschiedene, gleich spezielle sprachliche Versionen in verschiedene Richtungen zeigen, versagt die grammatikalische Auslegungsmethode vollends[12].

Die geringe Ergiebigkeit zeigt sich konkret auch bei der hier erforderlichen Auslegung des Begriffes „einstweilige Maßnahme" in Art. 24 GVÜ. Einstweiligkeit kann sowohl verfahrensrechtlich im Sinne des Vorbehaltes einer abschließenden Hauptsacheentscheidung, wie auch auf den Inhalt der Maßnahme dahin bezogen sein, daß dadurch tatsächlich keine endgültigen Zustände geschaffen werden dürfen. Offen bleibt auch, inwieweit Maßnahmen, die den zugrunde liegenden Anspruch, nach deutschrechtlicher Terminologie den Arrest- bzw. Verfügungsanspruch, vorläufig erfüllen (sog. Leistungs- oder Befriedigungsverfügungen)[13] als „einstweilige Maßnahmen" im Sinne des Art. 24 GVÜ anzusehen sind[14].

Trotz der Unergiebigkeit dieser Auslegungsmethode bleibt sie als Ausgangspunkt und Grundlage für andere Methoden von Bedeutung[15].

---

[8] Rauscher, S. 140.
[9] Basedow, IZVR, Bd. 1 Kap. 2 Rdn. 48.
[10] Rauscher, a.a.O.; Martiny, RabelsZ 45 (1981), S. 445.
[11] Basedow, a.a.O.; Martiny, a.a.O.
[12] Rauscher, a.a.O.
[13] Stein/Jonas/*Grunsky* vor 935 Rdn. 31 ff. m. w. N.
[14] Bertrams, WPNR 1981, 1 (4) versucht aus der sprachlichen Fassung zu begründen, daß auch Leistungsverfügungen im „kort geding"-Verfahren zu den einstweiligen Maßnahmen des Art. 24 GVÜ zählen. Begründet wird dies durch Gegenüberstellung sichernder mit nicht sichernden Maßnahmen. Er übersieht jedoch, daß im Recht vieler Vertragsstaaten nicht nur Leistungsverfügungen neben sichernden Maßnahmen möglich sind. Das deutsche Recht kennt z. B. die sog. Regelungsverfügung nach § 940 ZPO, die nicht zu den Leistungsverfügungen zählt, da sie den zugrundeliegenden Anspruch weder vorläufig noch endgültig insgesamt oder zum Teil zuspricht. Die in Art. 24 GVÜ explizit angesprochenen nicht sichernden Maßnahmen müssen daher nicht notwendig derartige Leistungs- oder Befriedigungsverfügungen umfassen.
[15] Martiny, RabelsZ 45 (1981), 427 (437); Rauscher, S. 141; z. B. EuGHE 1980, 1517; 1981, 1671 (1685).

III. Historische Auslegung

Die historische Auslegung, die ansonsten wegen der im Vordergrund stehenden Weiterentwicklung des gesetzten Rechtes nur nachrangig zur Anwendung gelangt, verdient hier größere Bedeutung. Aufgrund der amtlichen Veröffentlichungen ist den Berichten von Jenard und Schlosser ein offiziöser Charakter gegeben worden[16]. Im Gegensatz zum EG-Recht im eigentlichen Sinne stehen deshalb offizielle Materialien als Auslegungsgrundlage zur Verfügung.

Der EuGH hat sich zum Stellenwert der genannten Berichte bisher nicht ausgesprochen, während sie von den Verfahrensbeteiligten regelmäßig als Argumentationsgrundlage angeführt werden[17]. Dennoch kommt ihr gegenüber der vom EuGH mit Vorrang betriebenen systematischen und teleologischen Auslegungsmethode[18] nur ein untergeordneter Rang zu. Insbesondere teleologische Gesichtspunkte haben im internationalen Einheitsrecht allgemein eine besondere Bedeutung[19]. Dementsprechend dominiert und durchzieht diese Methode fast die gesamte Judikatur des EuGH zum GVÜ[20].

Daneben finden als weiteres wesentliches Auslegungskriterium allgemeine Rechtsgrundsätze Beachtung, die sich aus der Gesamtheit der nationalen Rechtsordnungen ergeben und mit Hilfe der Rechtsvergleichung herausgearbeitet werden müssen[21].

Da weder der Jenard- noch der Schlosser-Bericht Antworten auf die Frage nach den „einstweiligen Maßnahmen" im Sinne des Art. 24 bereithalten, ist dieser Begriff durch Heranziehung systematischer und teleologischer Gesichtspunkte näher einzugrenzen.

IV. Systematische Auslegung

Ein zur Auslegung verwertbarer Systemzusammenhang kann beim GVÜ weniger in Form einer Einbettung des gesamten Regelwerkes in

---

[16] Basedow, IZVR, Bd. 1 Kap. 2 Rz. 49.
[17] u. A. EuGHE 1979, 750; 1982, 825 (839).
[18] Basedow, a.a.O.; Martiny, RabelsZ 45 (1981), S. 437.
[19] Kropholler, Einheitsrecht, S. 276.
[20] Aus jüngster Zeit: EuGHE 1983, 3663 (Duijnstee/Goderbauer); 987 (Peters/Znav); 2503 (Gerling/Amministrazione ...); 1982, 1891 (Invenel/Schwab); 1980, 3807 (Niederlande/Riefner); 1553 (Denlauer/Couchet Freres); 825 (Effer/Kautner); 1979, 1055 (De Cavel I); 733 (Gourdain/Nadler); 1978, 2183 (Sonafer/Saar Ferngas); 134 (Bertrand/ Ott).
[21] EuGHE 1980, 3807; 1979, 733; 1976, 1541; Martiny, RabelsZ 45 (1981), 441; Bülow/Böckstiegel, Vorb. 5 606/71. Kritisch zur Rechtsvergleichung als Auslegungsmethode: Schlosser, Festschrift Bruns (1980), S. 45 f.; Basedow, IZVR, Bd. 1 Kap. 2 Rz. 52.

B. Autonome Auslegung

ein europäisches Umfeld festgestellt werden[22]. Von Bedeutung ist vielmehr die innere Verflechtung der aufeinander abgestimmten Vorschriften des GVÜ selbst. Das Zusammenwirken der einzelnen Bestimmungen, also ihr logisch-systematischer Zusammenhang, ist deshalb eine wichtige Auslegungsgrundlage[23].

Andererseits können aus der fehlenden einheitlichen europäischen Regelung der im Übereinkommen angesprochenen Materien auch Begrenzungen hinsichtlich der Auslegungsmöglichkeiten hergeleitet werden. Weder zu extensive noch zu enge Auslegung darf dazu führen, daß bestimmte Gegenstände einer sachgerechten Lösung deshalb entzogen werden, weil sie zum Teil unvereinheitlichtem nationalen Recht und zum anderen Teil den Übereinkommensregelungen unterliegen[24].

Den Zuständigkeitsbestimmungen ist zu entnehmen, daß die Gerichtspflichtigkeit des Beklagten mit Wohnsitz in einem Vertragsstaat grundsätzlich im Wohnsitzstaat konzentriert ist[25]. Das GVÜ nimmt dabei die alte Regel: „actor sequitur forum rei" zum Ausgangspunkt[26].

Dieser Grundsatz erfährt in den Art. 5 ff. GVÜ im einzelnen normierte Durchbrechungen durch die Schaffung von besonderen Zuständigkeiten. Ein solches Regel-Ausnahme-Verhältnis verlangt, einer allgemeinen Auslegungsregel folgend[27], eine enge Interpretation der Ausnahmeregelung.

So hat der EuGH bei der Auslegung des Begriffes „Abzahlungsgeschäfte" (Art. 13 ff. GVÜ) explizit eine restriktive Interpretation deswegen vorgenommen, weil die Sonderregelung für die Zuständigkeit in Abzahlungssachen eine Ausnahme von den allgemeinen Zuständigkeitsregeln des Übereinkommens darstellt[28].

Der für den Anwendungsbereich der hier in Frage stehenden Ausnahmevorschrift Art. 24 GVÜ maßgeblichen Begriff „einstweilige Maßnahme" ist deshalb in dem Sinne eng auszulegen, daß Ausnahmen von der allgemeinen Zuständigkeitsregelung des GVÜ in geringstmöglichem Umfang zugelassen werden. Auch die aus der Zuständigkeitssystematik ersichtliche Bestrebung, möglichst Kompetenzkonflikten durch Vermehrung von Gerichtsständen entgegenzuwirken[29], verlangt die restriktive Interpretation dieses Begriffes[30].

---

[22] Allg. zur systematischen Auslegung Basedow, IZVR, Bd. 1 Rz. 50.
[23] Basedow, a.a.O.; Martiny, RabelsZ 45 (1981), S. 439.
[24] Martiny, a.a.O.
[25] Jenard-Bericht B 1. Abs. Art. 2; Geimer/Schütze, Bd. I/1, S. 38.
[26] Geimer/Schütze, Bd. I/1, S. 350.
[27] Larenz, Methodenlehre, S. 339 mit kritischer Auseinandersetzung mit dieser Lehre.
[28] EuGHE 1978, 1431 ff. Rz. 17 ff. der Gründe.
[29] Pocar, RabelsZ 42 (1978), S. 416; EuGHE 1983, 987 (1003).

Bei der Auslegung einer Ausnahmevorschrift dürfen jedoch nicht die der Regelung zugrunde liegenden Interessen, insbesondere die Schutzbedürfnisse beider Parteien, außer acht gelassen werden[30]. Die Berücksichtigung des Ausnahmecharakters einer Norm darf nicht formal allein auf diesem Charakter beruhen, sondern bedarf zur sinnvollen Anwendung einer wertenden Betrachtung[32].

V. Teleologische Auslegung

Die teleologische Auslegung ist nach der ständigen Rechtssprechung des EuGH die mit Vorrang zu betreibende Methode[33].

Teleologische Auslegung erfolgt einmal durch Ausrichtung des Auslegungsergebnisses an der Zielsetzung des GVÜ[34], sowie durch die Berücksichtigung der der einzelnen Regelung zugrunde liegenden Zweckbestimmung.

Die Zielsetzung des GVÜ ergibt sich unschwer aus der Präambel, sowie aus dem im Art. 220 EWGV gestellten Auftrag.

Zweck der Ausnahmeregel des Art. 24 GVÜ ist es, den Rechtsschutz des Gläubigers zu erleichtern, indem für einstweilige Maßnahmen der Zugang auch zu den Gerichtsständen seines Wohnsitzstaates zugelassen wird, die vom GVÜ nicht übernommen worden sind, insbesondere den sogenannten exorbitanten Gerichtsständen des Ausschlußkataloges der Art. 3 Abs. 2[35].

Grundgedanke dieser Regelung ist dabei, den dem einstweiligen Rechtsschutz überhaupt zugrunde liegende Zeitfaktor zu berücksichtigen[36]. Einstweiliger Rechtsschutz steht und fällt mit der im Vergleich zum Hauptverfahren rascheren Rechtsdurchsetzung[37]. Der Gläubiger soll in die Lage versetzt werden, bei dem für ihn nächstgelegenen Gericht unter geringstmöglichem Zeitverlust Rechtsschutz zu erlangen, ohne den Zuständigkeitsbeschränkungen durch die Beklagtenschutzregelungen des GVÜ ausgesetzt zu sein.

---

[30] Spellenberg, ZZP 91 (1978), S. 47.
[31] Martiny, a.a.O., S. 440.
[32] Larenz, a.a.O., S. 340.
[33] Aus jüngerer Zeit u. a.: EuGHE 1983, 3663, 2503 und 987; 1982, 1891 und 1980, 3807; Basedow, IZVR, Bd. 1 Rz. 51 m. w. N. aus der Rspr. des EuGH.
[34] Martiny, a.a.O., S. 437; Basedow, a.a.O., Rz. 51.
[35] Bülow/Böckstiegel/*Müller*, Art. 24 III 2. 606/181; Grunsky, RIW/AWD 1977, 8; s. o. 2. Kap. B.
[36] Jauernig, § 34 I S. 144; Stein/Jonas/*Grunsky*, vor § 916 Rz. 1.
[37] Leipold, § 7 I 1.

B. Autonome Auslegung

1. Rechtskraft der einstweiligen Maßnahme

Dieser Beklagtenschutz ist jedoch von den Verfassern des Übereinkommens als Ausgangspunkt ihrer zuständigkeitspolitischen Erwägungen genommen worden[38]. Die Ausschaltung des Beklagtenschutzes für den Bereich des einstweiligen Rechtsschutzes ist deshalb nur tragbar, soweit ein Hauptverfahren folgt, in dem der dem einstweiligen Verfahren zugrunde liegende Rechtsstreit unter Beachtung aller erdenklichen Richtigkeitsgarantien entschieden und die einstweilige Maßnahme erforderlichenfalls korrigiert wird[39].

Zu den Richtigkeitsgarantien zählt auch die Einhaltung der Zuständigkeitsordnung, da dieser nicht nur Zweckmäßigkeitserwägungen zugrunde liegen. Es handelt sich dabei um eine Regelung mit ausgesprochenem Gerechtigkeitsgehalt, die einen wesentlichen Grundgedanken des Prozeßrechts darstellt[40].

Diese für die örtliche Zuständigkeitsregelung getroffene Aussage gilt in verstärktem Maße für die Regelung der internationalen Zuständigkeit, da davon nicht nur Rechtsschutz durch Gerichte des Wohnsitzstaates des Betroffenen überhaupt abhängt, sondern angesichts der allgemein vertretenen lex fori Theorie für das anwendbare Verfahrensrecht auch dessen Wahl davon abhängig ist[41].

Um einem Hauptverfahren nicht entgegenzustehen, darf die Entscheidung, die zum Erlaß einer einstweiligen Maßnahme geführt hat, deshalb keine Rechtskraft (res iudicata) hinsichtlich des zugrunde liegenden streitigen Anspruches entfalten können.

Rechtskraft wird in den verschiedenen Mitgliedsstaaten des GVÜ dogmatisch höchst unterschiedlich gesehen. In den bisherigen kontinentaleuropäischen Mitgliedsstaaten ordnet man die Rechtskraft entweder dem Prozeßrecht oder dem materiellen Recht zu.

In Großbritannien sieht man darin eine Regel des Beweisrechts, die Teil der Lehre vom „estoppel" ist[42]. Es handelt sich dabei um eine allgemeine Rechtsschein- und Vertrauenslehre, die zum Inhalt hat, daß der Beklagte mit bestimmtem Vorbringen ausgeschlossen wird[43]. Soweit die Gründe für diese Präklusion auf der Existenz einer gerichtlichen Entscheidung beruhen, spricht man von „estoppel of record or quasi

---

[38] *Jenard*-Bericht, S. 57 u. 84; Geimer/Schütze, Bd. I/1, § 4 I 1. S. 39.
[39] Grunsky, RIW/AWD 1977, 7.
[40] Zöller/*Vollkommer*, ZPO § 12 Rdn. 1 m. w. N.; Stein/Jonas/*Schumann*, vor § 12 Rdn. 12.
[41] Stein/Jonas/*Schumann*, Einl. XV F Rdn. 752; Kropholler, IZVR, Bd. 1 Kap. III Rz. 16.
[42] Bunge, ZZP 92 (1979), 351 (359 ff.); Ritter, ZZP 87 (1974), 138 (166 ff.); Halsbury's Law of England Vol. 16 paras. 1501 ff.
[43] Bunge, a.a.O.

of record" oder auch von „estoppel per rem iudicatam". Voraussetzung eines solchen „estoppel" ist die Endgültigkeit der gerichtlichen Entscheidung, sowie die Zuständigkeit des Gerichts, das die Entscheidung gefällt hat[44].

Einstweilige (interlocutory) Entscheidungen können nicht in Rechtskraft erwachsen[45]. Insoweit fügt sich die englische Prozeßrechtsdogmatik problemlos in die hier entwickelten Erfordernisse des GVÜ (Art. 24) ein. Rechtskraftfähige Entscheidungen können in Großbritannien nicht als einstweilige angesehen werden.

Der Begriff der formellen Rechtskraft ist der englischen Prozeßrechtsdogmatik fremd. Auch Entscheidungen, die noch mit Rechtsmitteln angefochten werden können bzw. bezüglich derer Rechtsmittelverfahren anhängig sind, entwickeln, solange sie nicht aufgehoben sind, estoppel[46].

Die Rechtskraftgrenzen sind in Großbritannien wesentlich weiter gezogen als in Deutschland. So erwächst nicht nur der Entscheidungsausspruch in Rechtskraft (cause of action estoppel), auch einzelne präjudizielle Streitpunkte nehmen an der Rechtskraft teil (issue estoppel)[47]. Letzteres ist dann von Bedeutung, wenn der neue Rechtsstreit nicht mit dem rechtskräftig entschiedenen identisch ist. Dann kann eine Berufung auf estoppel auch hinsichtlich solcher Vorfragen stattfinden, die direkt im Vorprozeß im Streit waren. Dazu zählen jedenfalls solche, die in den gewechselten Schriftsätzen angesprochen wurden oder sonstwie ausdrücklich streitbefangen waren[48]. Ausgeschlossen sind dagegen nur inzident oder nebenbei angesprochene Streitfragen[49]. Estoppel entsteht dabei sowohl bezüglich Tatsachenfeststellungen wie auch Rechtsfragen[50].

Die Lehre von der Rechtskraft wird wie angeführt zwar in das Beweisrecht, d. h. das Prozeßrecht eingeordnet. Ihr liegt jedoch die sicherlich dem materiellen Recht zugehörige Rechtsauffassung zugrunde, daß Urteile für den festgestellten Anspruch ein novierendes Recht schaffen, in dem der ursprüngliche Anspruch aufgeht (merger). Es handelt sich bei diesem neuen Recht um ein solches eigener, höher Art[51].

---
[44] Halsbury's Law of England, a.a.O., para. 1503.
[45] Halsbury's Law of England, a.a.O., paras. 1518 und 1563.
[46] Halsbury's Law of England, a.a.O., para. 1518 m. w. N.
[47] Halsbury's Law of England, a.a.O., para. 1530.
[48] Ritter, a.a.O., S. 170; Halsbury's Law of England, a.a.O. (Einzelheiten steitig).
[49] Halsbury's Law of England, a.a.O., m. w. N. aus der Rspr.
[50] Bunge, a.a.O., S. 361; Halsbury's Law of England, a.a.O.
[51] Bunge, a.a.O., S. 362; Halsbury's Law of England, a.a.O., para. 1536 m. w. N. aus der Rspr.

Der Umfang der Rechtskraftwirkung in Großbritannien ist ungleich größer als z. B. in Deutschland, da nicht nur der Urteilstenor, sondern auch zugunde liegende Rechtsverhältnisse oder sogar Tatsachenfeststellungen an der Rechtskraft teilnehmen können. Diese weite Begriffsfassung wird jedoch durch geringere Bestandskraft englischer Urteile kompensiert. Fehlende Zuständigkeit etwa[52] oder Kollision mit Gesetzesrecht, das ausdrücklich sozialen Zwecken dient und als zum ordre public zugehörig anzusehen ist[53], verhindert die Entstehung von estoppel.

In den übrigen Vertragsstaaten des GVÜ werden ebenfalls entweder prozessuale oder materiell-rechtliche Rechtskrafttheorien vertreten[54].

Frankreich, Belgien und Luxemburg sehen in der materiellen Rechtskraft (autorité de la chose jugée) eine unwiderlegliche Vermutung für eine dem Richterspruch entsprechende materielle Rechtslage[55]. Dementsprechend findet sich im französischen Recht die gesetzliche Regelung der materiellen Rechtskraft im Code civil Art. 1351, im Code de procedure civil ist lediglich eine Aufzählung von Urteilen enthalten, die keine Rechtskraft entfalten (Art. 480 und 482 noveau c.p.c.).

Die materielle Rechtskraft tritt wie in Großbritannien mit Erlaß des Urteils ein und ist nicht wie in Deutschland von formeller Rechtskraft (force de chose jugée) abhängig. Rechtskraftfähig sind in Frankreich nicht nur der Urteilstenor, sondern auch gewisse mit ihm in untrennbarem Sinnzusammenhang stehende Urteilsbegründungen[56].

Hinsichtlich der Wirkung unterscheidet man zwischen positiver und negativer. Positiv erzeugt das rechtskräftige Urteil bindende Verhaltensnormen zwischen den Parteien. Die negative Wirkung besteht im Verbot, die Angelegenheit erneut vor Gericht zu verhandeln[57].

Dieses Verbot der erneuten Verhandlung kann im Wege einer Einrede zum Tragen kommen. Aufgrund einer solchen „fin de non-recevoir" (Art. 122 noveau c.p.c.) wird die erneute Klage als unzulässig abgewiesen[58].

---

[52] Halsbury's Law of England, a.a.O., para. 1554.
[53] Ritter, a.a.O., S. 173 m. w. N.
[54] Zu den verschiedenen Theorien im deutschen Recht: Rosenberg/*Schwab*, § 152 II, S. 926.
[55] Vincent/Guinchard, Nr. 85 für Frankreich; *Geimer*/Schütze, Bd. I/1, § 133 I 2 b), S. 1018.
[56] Ritter, a.a.O., S. 152 m. H. auf Habscheid in FS Fragistas (1967), S. 19.
[57] Vincent/Guinchard, Nr. 87; *Geimer*/Schütze, Bd. I/1, § 133 I 2 a) Fn. 8, S. 1018/1019; im gleichen Sinn für das deutsche Recht: Rimmelspacher, § 15, S. 226.
[58] Vincent/Guinchard, Nr. 90.

In Deutschland und Italien ist die prozessuale Theorie vorherrschend. Danach hat die materielle Rechtskraft keinen Einfluß auf die materielle Rechtslage, sondern zeigt allein prozessuale Wirkung[59]. Umstritten ist allerdings die Frage, auf welche Weise sich die prozessuale Wirkung äußert. Nach der einen Meinung ist der Richter des zweiten Prozesses an die Entscheidung des ersten Richters gebunden, er darf also keine abweichende Entscheidung erlassen. Nach der anderen Auffassung schließt die Rechtskraft jede neue Verhandlung und Entscheidung über die rechtskräftig festgestellte Rechtsfolge aus (ne bis in idem)[60]. Die „ne bis in idem" Lehre ist bis heute in Deutschland[61] und Italien herrschend[62].

So unterschiedlich auch die dogmatischen Einordnungen der Rechtskraft in den verschiedenen Prozeßrechtsordnungen sein mögen, gemeinsam ist allen der Zweck, den Rechtsfrieden zwischen den Parteien herzustellen, wozu jeder Rechtsstreit einmal sein Ende finden muß[63].

Wenn auch die Wirkungsmechanismen dieser Streitbeendigung in den Vertragsstaaten jeweils verschieden sind, so ist doch in allen Prozeßrechtsordnungen Rechtskraft mit endgültiger Verbindlichkeit des Richterspruches bezüglich des Streitgegenstandes zwischen den Parteien verbunden.

Soweit deshalb in einem gerichtlichen Verfahren in einem der Mitgliedsstaaten über einen materiell-rechtlichen Anspruch, der den zugrunde liegenden Gegenstand des Streites zwischen den Parteien darstellt, derart rechtskräftig entschieden wird, ist diese gerichtliche Entscheidung stets als endgültige und nicht als einstweilige i. S. des Art. 24 GVÜ anzusehen. Ein wirkliches Hauptverfahren mit umfassender Richtigkeitsgarantie, d. h. auch unter Einhaltung der internationalen Zuständigkeitsordnung, das den Schutzbedürfnissen des Beklagten gerecht wird, ist dann nicht mehr möglich.

2. Dringlichkeit der einstweiligen Maßnahme

Wegen der der Regelung des Art. 24 zugrunde liegenden bereits dargestellten Interessenkonstellation ist weiter erforderlich, daß das zum Erlaß einer einstweiligen Maßnahme führende Verfahren ein gegen-

---

[59] Rosenberg/*Schwab*, § 152 II 2., S. 926.
[60] Rosenberg/*Schwab*, a.a.O.
[61] BGH 36, 365 und 34, 337 sowie das überwiegende Schrifttum: Stein/Jonas, 19. Aufl., § 322 Anm. III 5 b; Thomas/Putzo, § 322 Anm. 3 b bb; Baumbach/Lauterbach, vor § 322 Anm. 2 B; Rosenberg/*Schwab*, § 152 III 2., S. 927; Jauernig, § 62 III 1.
[62] *Geimer*/Schütze, a.a.O., S. 1020.
[63] Für Deutschland: Rosenberg/*Schwab*, § 152 I S. 925. Für Frankreich: Martiny, Nicht streitige Verfahren in Frankreich, S. 190 m. w. N. Für Großbritannien: Halsbury's Law of England, a.a.O., para. 1518.

B. Autonome Auslegung

über dem Hauptverfahren rascher durchzuführendes ist. Angesichts der gebotenen restriktiven Auslegung ist nur dann ein hinreichend schützenswertes Interesse des Gläubigers an einer Durchbrechung des Zuständigkeitskataloges gegeben, wenn dieses gerade auf den Beschleunigungseffekt gerichtet ist. Das Verfahren darf also nur zur Verfügung stehen, wenn besondere Dringlichkeit des klägerischen Rechtsschutzbedürfnisses geprüft und festgestellt wird.

Eine derart restriktive Auslegung des Begriffes „einstweilige Maßnahme" wird besonders gestützt durch die Gegenüberstellung der Folgen weiter bzw. enger Auslegung für die jeweils betroffene Partei. Der Schuldner wird nicht nur im fremden Land mit einem Gerichtsverfahren überzogen mit allen damit verbundenen rechtlichen und tatsächlichen Folgen wie fremdem Verfahrensrecht, fremder Sprache und erhöhten Kosten. Die Entscheidung genießt darüber hinaus angesichts der weitgefaßten Anerkennungsregelung in Art. 25 ff. Freizügigkeit und kann deshalb grundsätzlich auch in seinem Heimatstaat gegen ihn vollstreckt werden[64].

Diese großzügige und für internationale Urteilsanerkennung sehr fortschrittliche Regelung[65] ist mit den Zuständigkeitsregeln des Titels II des Übereinkommens abgewogen und im Zusammenhang mit dem dort gesicherten Beklagtenschutz zu sehen[66]. Einstweilige Maßnahmen, die nach der Regelung des Art. 24 hinsichtlich der Zuständigkeit außerhalb dieses ausgewogenen Regelwerkes stehen, bedürfen deshalb vorsichtiger zurückhaltender Einpassung in das Gesamtgefüge.

Eine Korrekturmöglichkeit ist nur über die Auslegung des Begriffes „einstweilige Maßnahme" in Art. 24 gegeben. Die Beschränkung der Anerkennungsmöglichkeiten auf bestimmte Typen einstweiliger Maßnahmen findet in Art. 25 ff. keinen Ansatzpunkt. Art. 25 umfaßt explizit alle gerichtliche Entscheidungen und soll nach seiner Zwecksetzung möglichst umfassende Freizügigkeit dieser Entscheidungen sicherstellen[67]. Sonstige Anerkennungsversagungsgründe sind in Art. 27 und 28 abschließend aufgezählt[68].

Die für den Kläger mit der Ausgliederung eines Verfahrens aus dem Anwendungsbereich des Art. 24 GVÜ verbundenen Folgen stellen sich bei genauerer Betrachtung als weniger nachteilig dar. Er muß in diesem Fall nicht etwa die Zeitverzögerung eines Hauptverfahrens in Kauf

---

[64] *Schlosser*-Bericht Nr. 184; *Geimer*/Schütze, Bd. I/1, § 107 VI, S. 984.
[65] Basedow, IZVR, Bd. I Kap. II Rz. 12.
[66] Martiny, IZVR, Bd. III/2 Kap. II Rz. 82.
[67] *Jenard*-Bericht, S. 86, vor Art. 26; Martiny, IZVR, Bd. III/2 Kap. II Rz. 40; Bülow/Böckstiegel/*Linke*, vor Art. 25 II 2. 606/185.
[68] Bülow/Böckstiegel/*Linke*, Art. 27 I 606/222; Martiny, IZVR, Bd. III/2 Kap. II Rz. 82; *Jenard*-Bericht, vor Art. 26.

nehmen. Ihm wird lediglich der Zugang zu den exorbitanten Gerichtsständen seines Wohnsitzstaates sowie zu den anderen nicht von der Konvention vorgesehenen Gerichtsständen verwehrt. Eine Verfahrensverzögerung allenfalls in dem zeitlichen Umfang ist hinzunehmen, der notwendig ist, um das (Eil-)Verfahren beim ausländischen Gericht anhängig zu machen, soweit nicht ohnehin einer der besonderen Gerichtsstände des Übereinkommens zur Verfügung steht.

Andererseits wird ein exorbitanter Gerichtsstand regelmäßig nur dann von Interesse sein, wenn die gerichtliche Entscheidung mangels sonstiger Berührungspunkte des Schuldners mit dem klägerischen Wohnsitzstaat im Wohnsitzstaat des Beklagten vollstreckt werden muß. Dann tritt eine Verzögerung ohnehin nicht ein, da das erforderliche Exequaturverfahren ebenso Zeit benötigt.

Das von Art. 24 geschützte Gläubigerinteresse ist, wie bereits dargelegt, dasjenige an der Dringlichkeit des von ihm nachgesuchten Rechtsschutzes. Es ist nicht Zweck dieser Vorschrift, ein Interesse des Gläubigers etwa an der Erlangung von gerichtlichen Entscheidungen gerade bei seinen Heimatgerichten unter Anwendung seines Heimatrechtes als solches zu berücksichtigen. Indessen reduziert sich das Gläubigerinteresse aber hierauf, soweit eine Entscheidung ohnehin im Ausland vollstreckt werden muß.

Dies steht jedoch nicht im Einklang mit der Ratio des Art. 24, das schnell zu erreichende Gericht als sachnächstes zugänglich zu machen[69].

Eine gerichtliche Entscheidung kann deshalb nur dann als „einstweilige Maßnahme" im Sinne des Art. 24 angesehen werden, wenn als Voraussetzung ihres Erfolges besondere Dringlichkeit (z. B. im deutschen Recht der Arrestgrund) geprüft wird[70].

Vorgreiflichkeit der einstweiligen Maßnahme

Zu untersuchen ist weiter, inwieweit diese einstweilige Maßnahme das Hauptverfahren vorwegnehmen darf.

Vorwegnahme kommt dabei in zweierlei Hinsicht in Betracht. Einmal kann die Tenorierung der einstweiligen Maßnahme mit dem im Hauptverfahren erstrebten Ausspruch identisch sein. Dies ist der Fall, wenn das Gericht bereits im einstweiligen Verfahren inhaltlich das zuspricht, unter dem Vorbehalt des Hauptverfahrens, was Gegenstand des dem Verfahren zugrunde liegenden materiellrechtlichen Anspruches ist.

---
[69] Verheul, NILR 1981, 81; EuGHE 1980, 1553 (1570); Collins, S. 30 Fn. 4.
[70] Für einstweilige Maßnahmen im Zusammenhang mit Schiedsverfahren im französischen Recht in diesem Sinne auch Couchez in Rev. Arb. 1985, 69 (78).

B. Autonome Auslegung

Wesentlich belastender für den Beklagten sind jedoch diese Fälle dann, wenn die Korrigierbarkeit der einstweiligen Maßnahme faktisch fraglich bzw. sogar ausgeschlossen ist. Dies ist insbesondere dann der Fall, wenn der das einstweilige Verfahren betreibende Gläubiger insolvent ist bzw. wird. Soweit alleine Schadensersatzansprüche wegen Schäden gerade durch die im nachhinein unberechtigte Zwangsvollstreckung der später aufgehobenen einstweiligen Maßnahme als solche in Betracht kommen, ist deren mögliche Nichteinbringbarkeit hinzunehmen, da dieses spezifische Vollstreckungsrisiko bei jeder einstweiligen Maßnahme gegeben ist. Wird jedoch einer der genannten Maßnahmen, die inhaltlich das Hauptverfahren vorwegnehmen, Folge geleistet, sei es freiwillig oder im Wege der Zwangsvollstreckung, trägt der Schuldner nicht nur das Risiko spezifischer Vollstreckungsschäden, sondern auch das für die tatsächliche Rückgewähr des Geleisteten, falls sich das „Recht" des „Gläubigers" im nachfolgenden ordentlichen Verfahren nicht bestätigt[71].

Die Rückgewähr des tatsächlich Erlangten, in der Regel Geld bzw. der Schadensersatz für die im nachhinein unberechtigte Unterlassungsforderung in der bis zum Hauptverfahren verstrichenen Zeit, ist bei insolventen Gläubigern, die nunmehr zu Schuldnern werden, nicht realisierbar.

Bei der Unterlassungsverfügung hat die einstweilige Verfügung für die Vergangenheit darüber hinaus endgültige Zustände geschaffen. Die untersagte Handlung ist für die Vergangenheit nicht mehr nachholbar. Eine Verweisung auf Schadensersatz ist in solchen Fällen ungenügend[72]. Die einstweilige Maßnahme erweist sich in den genannten Fällen als tatsächlich endgültige.

Derart endgültige Entscheidungen, die lediglich verfahrensrechtlich einstweilig sind, sind mit der Ratio des Art. 24 nicht zu vereinbaren. Die Eröffnung der Möglichkeit beim sachnächsten Richter eine einstweilige Maßnahme erwirken zu können, ist auch von dem Gedanken getragen, daß dieser am besten dazu in der Lage ist sicherzustellen, daß die Maßnahme ihren tatsächlich einstweiligen Charakter behält[73]. Eine tatsächlich endgültige Maßnahme kann schwerlich noch als einstweilige und damit als im Einklang mit dem Wortlaut des Art. 24 bezeichnet werden[74].

Derartige vorgreifliche gerichtliche Entscheidungen wurden in den verschiedenen nationalen Prozeßrechtsordnungen aus dem einstwei-

---
[71] Schilken, S. 17.
[72] Leipold, Grundlagen des einstweiligen Rechtsschutzes, S. 90.
[73] EuGHE 1980, 1553 (1570).
[74] Verheul, NILR 1981, 81.

ligen Rechtsschutz als besonders schnell verfügbarem Rechtsinstitut entwickelt. Wenngleich das nationale Recht dazu berufen ist zu regeln, auf welche Art und Weise einstweiliger Rechtsschutz gewährt wird[75], so kann dennoch die nationale Einordnung als einstweiliger Rechtsschutz für die vertragsautonome Qualifikation nicht entscheidend sein.

Der für die Zulassung derartiger vorgreiflicher und tatsächlich endgültiger einstweiliger Maßnahmen im nationalen Recht zugunsten des Gläubigers entschiedene Interessenkonflikt ist von dem der Regelung des Art. 24 zugrunde liegenden grundlegend verschieden.

Für den besonders dringlich auf die Erfüllung seiner Forderung Angewiesenen, kann durch die Zeitspanne bis zur Entscheidung im ordentlichen Verfahren aus den verschiedensten Gründen diese Entscheidung wertlos werden. Der Staat, der durch die Beanspruchung des Gewaltmonopols dem Rechtsinhaber untersagt, sein Recht im Wege der Selbsthilfe zu realisieren, ist durch den im Rechtsstaatsprinzip verankerten Justizgewährungsanspruch[76] verpflichtet, durch die Bereitstellung eines geeigneten verfahrensrechtlichen Instrumentariums dieses zu verhindern[77].

Mangels eines eigenen beschleunigten Verfahrens wird in Deutschland dem Rechtsstaatsprinzip durch die Zulassung derartiger befriedigender einstweiliger Verfügungen Rechnung getragen.

Für den besonders dringlich auf die Erfüllung seiner Forderung angewiesenen Inhaber einer Forderung ist mit der fehlenden Einordnung seiner Begehr als einstweilige Maßnahme im Sinne des Art. 24 GVÜ aber nicht regelmäßig der drohende Rechtsverlust verbunden. Ihm wird dadurch nicht der Zeitverlust bis zu einer Entscheidung im Hauptverfahren aufgebürdet. Lediglich die zeitliche Verzögerung tritt ein, die notwendig ist, um im Wohnsitzstaat des Schuldners ein Eilverfahren zu betreiben, soweit kein im GVÜ vorgesehener inländischer Gerichtsstand einschlägig ist.

Das Interesse des Gläubigers an der Einordnung einer beantragten gerichtlichen Entscheidung als einstweilige Maßnahme im Sinne des Art. 24 GVÜ ist dementsprechend geringer als an der Gewährung von Rechtsschutz durch einstweilige Maßnahmen überhaupt.

Dem steht diametral gegenüber ein verstärktes Interesse des Schuldners daran, daß er nicht im Ausland mit einem Verfahren überzogen

---

[75] s. o. 3. Kap. 7.

[76] s. o. 3. Kap. C II 3 aE.

[77] Schilken, S. 20; Stein/Jonas, vor § 916 Rz. 1; für einstweiligen Rechtsschutz allg.: Leipold, Grundlagen, S. 2 Fn. 4.
In Großbritannien: Kanzler, S. 154 f. mit Hinweis auf Megarry J. in Woodford v. Smith (1970) 1 All ER 1091 ChD 1093 B.

wird, das den Gegenstand des Hauptverfahrens im Inland vorwegnimmt.

Schon im Inland bestehen Bedenken, in einem nur summarischen Verfahren aufgrund etwa von Glaubhaftmachung des Schuldners zur Leistungserbringung bezüglich des dem Rechtsstreit zugrunde liegenden Anspruches zu verurteilen[78]. Um so größer müssen die Bedenken sein, den Beklagten im Ausland einem derartigen Verfahren auszusetzen, und nach über Art. 25 ff. GVÜ erfolgter Vollstreckung im Inland, diesen für eventuell entstehende Rückforderungs- bzw. Schadenersatzansprüche auf die Realisierung dieser Ansprüche im Ausland zu verweisen.

Den Bedenken, den Antragsgegner im nur summarischen Verfahren zur möglicherweise endgültigen Leistungserbringung zu verurteilen, wird allerdings im Hinblick auf die Verfahrensausgestaltung Rechnung getragen. Abweichend von der gesetzlichen Konzeption des Arrestprozesses als Verfahren, in dem die Schlüssigkeit nur kursorisch[79] überprüft und die Tatsachen nur im Wege der Glaubhaftmachung festgestellt werden (§ 920 Abs. 2 ZPO)[80], gelten für die Befriedigungsverfügung strengere Maßstäbe. Zum Schutz des Antragsgegners wird dabei die Prüfungsintensität gesteigert[81]. Je nachhaltiger die Folgen für den Antragsgegner sind, desto gewisser muß der Bestand des klägerischen Rechts sein[82].

Befriedigungsverfügungen unterliegen einer Schlüssigkeitsprüfung wie im ordentlichen Verfahren[83]. Die Belastung des Antragsgegners wird demnach durch die Annäherung des Verfahrens an das Hauptverfahren im Hinblick auf die Richtigkeitsgewähr der Entscheidung kompensiert[84].

Die bei der hier zu treffenden Auslegung des Art. 24 GVÜ in die Erwägung einzubeziehende Belastung des Antragsgegners liegt jedoch

---

[78] Grunsky, JurA 1970, 739; ders. Stein/Jonas/*Grunsky*, vor § 935 Rz. 32; weitere Nachweise bei Schilken, S. 19 Fn. 15.

[79] Stein/Jonas/*Grunsky*, § 916 Rz. 4; Leipold, Grundlagen des einstweiligen Rechtsschutzes, S. 24 bei Fn. 26.

[80] Stein/Jonas/*Grunsky*, § 920 Rz. 8; Ahrens, S. 292.

[81] Ahrens, S. 293.

[82] Schlosser, Zivilprozeßrecht II, Rz. 261, spricht von Interpendenz zwischen Glaubhaftmachung des Verfügungsanspruches und beiderseitigem Interesse an Verfügung bzw. ihrem Unterbleiben; ähnlich Baumgärtel, AcP 168 (1968), S. 403.

[83] Ahrens, S. 287 Fn. 152 m. w. N.

[84] In Großbritannien werden aus ähnlichen Überlegungen Leistungsverfügungen (mandatory injunctions), entgegen den in American Cyanamid Co. v. Ethicon Ltd., (1975) I All ER 504, aufgestellten Grundsätzen, nur nach eingehender Prüfung der materiellen Rechtslage erlassen (Gray, S. 314, ausführlicher dazu 3. Kap. D IV.).

auf anderer Ebene. Nicht die Frage, ob der Antragsgegner überhaupt mit einem einstweiligen Verfahren überzogen werden kann, wird durch die Auslegung des Art. 24 GVÜ beantwortet. Allein die Frage des Gerichtsstandes steht im Mittelpunkt der Überlegungen.

Wesentlich wird dabei nicht die Belastung des Antragsgegners in Form von verminderter Richtigkeitsgarantie durch ein summarisches Verfahren, sondern die verminderte Richtigkeitsgarantie durch Durchbrechung des Zuständigkeitskataloges. Der Zuständigkeitskatalog ist aber eine Regelung mit erheblichem Gerechtigkeitsgehalt, die einen wesentlichen Grundgedanken des Prozeßrechts darstellt[85].

Wie bereits angeführt, ist der Staat aufgrund des im Rechtsstaatsprinzip verankerten Justizgewährungsanspruch verpflichtet, ein geeignetes verfahrensrechtliches Instrumentarium bereitzustellen, das den Rechtsverlust durch Zeitablauf eines Hauptverfahrens verhindert. Soweit kein eigenes beschleunigtes Verfahren vorgesehen ist, wurde derart beschleunigter Rechtsschutz aus dem einstweiligen Rechtsschutz heraus entwickelt[86].

Während dementsprechend, wie angeführt, die dadurch verursachten Belastungen des Antragsgegners weitgehend kompensiert wurden, wäre das nicht der Fall, soweit solche Verfahren auch mit Blick auf Art. 24 GVÜ, entgegen ihrer praktischen Ausgestaltung, als ihrer genetischen Wurzel entsprechend in den einstweiligen Rechtsschutz eingeordnet würden. Die dadurch verursachten Beeinträchtigungen der Interessen des Antragsgegners schlügen ungemildert durch.

Die für die Einordnung einer derart vorgreiflichen vorläufigen Rechtsschutzmaßnahme als „einstweilige Maßnahme" im Sinne des Art. 24 GVÜ erforderliche Interessenabwägung ist deshalb von derjenigen, für die Zulässigkeit einer solchen Maßnahme nach nationalem Recht erforderlichen[87], streng zu unterscheiden.

Da allein das Gläubigerinteresse an der beschleunigten Erlangung von Rechtsschutz bzw. der Entscheidung durch das sachnächste Gericht als schützenswertes zu berücksichtigen ist[88] und der Beschleunigungseffekt, der mit der Einordnung als „einstweilige Maßnahme" im Sinne des Art. 24 GVÜ verbunden ist, wesentlich geringer als der im Verhältnis einstweiligen Rechtsschutzes zu Hauptverfahren ist, sind derart

---

[85] Stein/Jonas/*Schumann*, Einl. XV F Rz. 752 und vor § 12 Rz. 12; siehe oben 3. Kap. II e 1. m. w. N.

[86] Ausführlich dazu unten 3. Kap. C II 3.

[87] Zur Interessenabwägung bei Erlaß einer Leistungsverfügung im deutschen Recht: Stein/Jonas/*Grunsky*, vor § 935 Rz. 32 und 39; Schilken, S. 139 ausführlich mit umfangreichen Nachweisen aus der Rspr.; Leipold, Grundlagen, S. 117 ff.

[88] s. o. 3. Kap. B V 2.

vorgreifliche gerichtliche Entscheidungen grundsätzlich aus dem Begriff „einstweile Maßnahme" in Art. 24 GVÜ auszugliedern.

Angesichts der aufgezeigten überproportionalen Belastung des Beklagten durch solche Maßnahmen, besteht regelmäßig kein hinreichendes Gläubigerinteresse an einer Durchbrechung des Zuständigkeitskataloges der Art. 2 ff. GVÜ.

Zu beachten ist jedoch die exakte, von derjenigen zur Zulässigkeit der vorläufigen Rechtsschutzmaßnahme nach nationalem Recht verschiedene durchzuführende Interessenabwägung.

Die Zurückdrängung derartiger Maßnahmen des nationalen Rechts aus Art. 24 GVÜ ist angesichts der aufgrund der langen Dauer von Hauptverfahren zu beobachtenden zunehmenden Verlagerung von Rechtsstreitigkeiten, insbesondere im Wirtschaftsleben[89], in das Verfahren des einstweiligen Rechtsschutzes dringend geboten. Andernfalls würde für besondere Rechtsmaterien, wie z. B. das Wettbewerbsrecht, der Zuständigkeitskatalog des GVÜ gänzlich leerlaufen.

Die Funktionsfähigkeit des GVÜ's wäre in Frage gestellt, wenn durch diese Tendenzen der nationalen Verfahrenspraxis über Art. 24 GVÜ die zwingenden Zuständigkeitsvorschriften des Übereinkommens unterlaufen würden[90].

VI. Rechtsvergleichende Auslegung

Allgemeine Übereinstimmung besteht darin, daß wichtiges Hilfsmittel zur vertragsautonomen Auslegung die Rechtsvergleichung ist. So hat insbesondere der EuGH mehrfach die Notwendigkeit der rechtsvergleichenden Analyse als Auslegungsmittel betont[91]. Auf welche Weise Rechtsvergleichung in die Auslegung einfließen soll, ist dagegen umstritten.

In der Rechtssprechung des EuGH findet sich vielfach das Postulat einer rechtsvergleichenden Synthese, also der Suche nach Gemeinsam-

---

[89] Dieser Trend wird nicht nur in der Bundesrepublik Deutschland festgestellt (Ahrens, S. 398; Stein/Jonas/*Grunsky*, vor § 916 Rz. 3). Gleiches gilt in eher verstärktem Maße für die anderen Vertragsstaaten.
Für die Niederlande: Zonderland, ZZP 90 (1977), S. 225.
Für Italien: Trocker, ZZP 91 (1978), S. 236 (257).
Für Frankreich: Chartier, ZZP 91 (1978), S. 286 (294).
Für England: Fellowes v. Fisher 1975 3 W.L.R. 184 (C.A.) — per Lord Denning —.
[90] Schulz (NJ 1982, 1066), zeichnet dafür das für die Niederlande besonders plastische Bild vom „Deichbruch" bezüglich der Zuständigkeitsbestimmungen.
[91] EuGHE 1976, 1541 und 1735; 1977, 2175; 1978, 1481; 1979, 733 (743); 1981, 1391 (1400). Einen Überblick zur Rechtsvergleichung in der Rspr. des EuGH zum GVÜ gibt Schlosser in FS Bruns (1980), S. 45 ff.

keiten der nationalen Prozeßrechtsordnungen[92]. Unproblematisch ist es, soweit in den einzelnen Rechtsordnungen Übereinstimmung bezüglich des Inhaltes des fraglichen Terminus besteht. Dann ist dieser Inhalt auch für die Auslegung des entsprechenden Begriffes des Übereinkommens als maßgeblich anzusehen.

Ungleich schwieriger ist es, Begriffen, die den nationalen Rechtsordnungen zwar bekannt sind, dort jedoch verschiedene Bedeutungen haben, einen einheitlichen Inhalt durch Rechtsvergleichung zu geben. Dies gilt verstärkt für Termini, die den nationalen Prozeßordnungen überhaupt fremd sind.

In beiden Fällen soll dann eine Analyse der Regelungen des nationalen Rechtes der betroffenen Rechtsmaterien erfolgen und dadurch allgemeine Rechtsgrundsätze herausgearbeitet werden, die allen Rechtsordnungen der Mitgliedsstaaten gemeinsam sind[93]. Die Gewinnung derartiger Rechtsgrundsätze soll nicht etwa im Sinne eines „kleinsten gemeinsamen Nenners", d. h. als gemeinsames Minimum der nationalen Rechtsordnungen, oder als statistisches Mittel erfolgen[94]. Ebensowenig sind sie als Plebiszit zu verstehen, in dem sich die Mehrheit durchsetzt[95].

Selbst Befürworter der rechtsvergleichenden Auslegung verkennen jedoch nicht, gerade bei Rechtsbegriffen, die keine Entsprechung in den nationalen Rechtsordnungen haben, die Schwierigkeiten, die damit verbunden sind, derartige allgemeine Rechtsgrundsätze herauszuarbeiten.

So wird etwa bei der Auslegung des Begriffes „ordentlicher Rechtsbehelf" resignierend festgestellt, daß die Rechtsvergleichung keine allgemeinen Rechtsgrundsätze produzieren kann, sondern ihre Funktion darauf beschränkt ist, die Verträglichkeit des auf andere Weise gewonnenen Begriffsinhaltes mit den vorbestehenden nationalen Rechtsordnungen sicherzustellen[96].

Eine Bilanz der Rechtssprechung des EuGH[97] zeigt dementsprechend, daß dem EuGH bei Auslegung derartiger Rechtsbegriffe in keinem Fall die Herausarbeitung einer für eine Synthese geeigneten Grundlage gelungen ist.

Die Bedeutung der Rechtsvergleichung für die Auslegung reduziert sich hier deshalb auf die Lieferung von Anschauungsmaterial und Ab-

---

[92] Nachweise bei Schlosser, a.a.O.; im gleichen Sinne: Giardina, Int. Comp. L. Q. 27 (1978), S. 263 (273); Martiny, RabelsZ 45 (1981), S. 427 (441).
[93] EuGHE 1976, 1735 (1747); Martiny, a.a.O., S. 442.
[94] Martiny, a.a.O., S. 443; Kutscher, Riv. Dir. Europ. 16 (1976), 283 ff. (313).
[95] Basedow, IZVR, Bd. 1 Kap. II Rz. 52.
[96] Martiny, a.a.O., S. 444.
[97] Schlosser, a.a.O., S. 49 ff.

stützung des gewonnenen Ergebnisses. Rechtsvergleichung ist bei der Auslegung des Begriffes „einstweilige Maßnahme" i. S. des Art. 24 GVÜ dennoch unentbehrlich. Jedoch weniger zur Gewinnung des maßgeblichen Inhaltes selbst, als vielmehr zur Lieferung des nationalen Hintergrundes, in den dieser Inhalt einzupassen ist[89]. Das mit Hilfe anderer Auslegungsmethoden erzielte Ergebnis ist dadurch auf seine Verträglichkeit mit dem in den nationalen Rechtsordnungen vorgesehenen vorläufigen Rechtsschutzmöglichkeiten, auf die zurückgegriffen werden muß[99], zu überprüfen.

C. Die „einstweiligen Maßnahmen" i. S. des Art. 24 GVÜ in der Bundesrepublik Deutschland

I. Überblick

Ausgehend vom sprachlichen Mindestgehalt des Terminus „einstweilige Maßnahme"[1] als Rechtsschutz, der vor oder neben einem Hauptverfahren, nur vorläufig und vom Ausgang des Hauptsacheverfahrens abhängig gewährt wird[2], sind damit in erster Linie Arreste (§§ 916 ff. ZPO) sowie einstweilige Verfügungen (§§ 935 ff. ZPO) angesprochen. Zu denken ist weiter an einstweilige Anordnungen in Familien- und Kindschaftssachen, soweit diese vom Anwendungsbereich des Übereinkommens umfaßt sind.

Ganz andere Art von Rechtsschutz in Abhängigkeit von einem Hauptverfahren wird durch prozeßleitenden Beschluß wie die Anordnung der Urkundenvorlage nach § 425 bzw. § 142 ZPO gewährt. Die Frage der Einordnung derartiger gerichtlicher Entscheidungen im Rahmen des Art. 24 GVÜ ist wenig nützlich, da nach deutschem Rechtsverständnis der Erlaß einer solchen Anordnung die Anhängigkeit eines Rechtsstreites voraussetzt. Eine selbständige Erwirkung, für die alleine die Frage der internationalen Zuständigkeit nach Art. 24 GVÜ von Bedeutung wäre, ist nicht möglich. Die Einreichung einer Klage beim unzuständigen Gericht zur Erwirkung einer derartigen Anordnung ist nicht denkbar. Anders als etwa beim Arrest, steht hier nicht die rechtstechnische Anknüpfung an die bloße Anhängigkeit der Hauptsacheklage[3] für die Zuständigkeit eines gesetzlich davon unabhängig ausgestalteten, eigenen Verfahrens im Raum.

---

[98] Basedow, IZVR, Bd. 1 Kap. II Rz. 52.
[99] s. o. 3. Kap. A.
[1] s. o. 3. Kap. B II.
[2] Geimer/Schütze, Bd. I/1, § 39 I Nr. 2 S. 264; Grunsky, RIW/AWD 197/7; Bülow/Böckstiegel, 606/180 Art. 24 Anm. III 1.
[3] s. o. 2. Kap. B II.

52 3. Kap.: „Einstweilige Maßnahmen" nach Art. 24 GVÜ

Ungleich bedeutsamer kann dagegen die Frage sein, inwieweit derartige Entscheidungen bezüglich der Vollstreckbarkeit Freizügigkeit nach Art. 25 ff. GVÜ genießen[4].

In Erwägung zu ziehen wegen der beschleunigten Erlangung von Rechtsschutz sind schließlich Urteile im Versäumnisverfahren (§§ 331 ff. ZPO), sowie ihnen in der Wirkung gleichgestellte Vollstreckungsbescheide aus dem Mahnverfahren (§§ 688 ff., § 700 Abs. 1 ZPO). Letztlich sind noch Urteile aus dem Scheck- und Wechselverfahren zu nennen (§ 592 ff. ZPO).

1. Arreste und sichernde einstweilige Verfügungen

Arreste und grundsätzlich einstweilige Verfügungen sind diejenigen Rechtsschutzmaßnahmen, die unmittelbar von Art. 24 GVÜ angesprochen werden. Der Arrest als explizit auf Sicherung gerichteter vorläufiger Rechtsschutz liegt im Kernbereich des Art. 24 GVÜ, da derartige Maßnahmen ausdrücklich eingeschlossen sind[5]. Wie sich schon aus dem Wortlaut des Art. 24 ergibt, sind auch bestimmte nicht sichernde Entscheidungen vom Regelungsumfang dieser Vorschrift erfaßt. Deswegen zählt neben der sichernden einstweiligen Verfügung (§ 935 ZPO) auch die regelnde einstweilige Verfügung (§ 940 ZPO) zu den „einstweilige Maßnahmen" des Art. 24 GVÜ[6].

Einstweilige Verfügungen wie Arreste sind bezüglich des zugrunde liegenden materiell-rechtlichen Anspruches nicht rechtskräftig und werden grundsätzlich jeweils nur unter der Voraussetzung besonderer Dringlichkeit (Arrest- bzw. Verfügungsgrund) erlassen[7].

2. Einstweilige Anordnungen in Familiensachen

Bei den einstweiligen Anordnungen in Familien- (§ 620 ZPO) und Kindschaftssachen (§ 641 d ZPO), ist zwischen den Unterhaltsanordnungen einerseits und den sonstigen Anordnungen andererseits im Hinblick auf den Anwendungsbereich des Übereinkommens zu unterscheiden. Nach Art. 1 Abs. 2 Nr. 1 ist es ausdrücklich nicht auf den Personenstand, die gesetzliche Vertretung natürlicher Personen sowie die ehelichen Güterstände anzuwenden. Unterhaltssachen liegen jedoch, wie Art. 5 Nr. 2 GVÜ zeigt, innerhalb des Anwendungsbereiches[8].

---

[4] Nach deutscher Rechtsauffassung sind derartige Anordnungen nicht vollstreckbar. Die Nichtbefolgung fließt lediglich in die Beweiswürdigung des Gerichtes ein (Stein/Jonas/*Leipold*, § 142 Rz. 5).

[5] Kropholler, EuGVÜ, Art. 24 Rdn. 3.

[6] Kropholler, a.a.O., Rdn. 5; Bülow/Böckstiegel/*Müller*, 606/180 Art. 24 Anm. III 1.

[7] s. o. 3. Kap. B V. 2.

[8] *Schlosser*-Bericht Nr. 41 und Nr. 90 ff.; EuGHE 1980, 731 (739); Geimer/ Schütze, Bd. I/1, § 22 I, S. 147 m. w. N.

Die Unterhaltsanordnungen nach §§ 620 Abs. 1 Nr. 4 und Nr. 6, 641 d ZPO können deshalb vom sachlichen Anwendungsbereich her einstweilige Maßnahmen i. S. des Art. 24 sein. Sie sind ebenso wie die Arreste und einstweiligen Verfügungen keiner Rechtskraft fähig (§§ 602 f, 641 e f. ZPO). Ihr Erlaß ist von der Glaubhaftmachung der Notwendigkeit einer einstweiligen Anordnung abhängig (§ 641 d Abs. 2 S. 3 ZPO)[9].

Bedenken gegen ihre Einordnung unter die „einstweiligen Maßnahmen" nach Art. 24 bestehen jedoch deshalb, weil sie insbesondere beim Ehegattenunterhalt für die Prozeßdauer meist tatsächlich endgültige Verhältnisse schaffen, soweit sie Zahlung direkt an den Kläger anordnen[10].

Unabhängig davon wird im hier interessierenden Bereich der Zuständigkeit diese Einordnung praktisch geringe Bedeutung haben. Derartige Unterhaltsanordnungen setzen nach deutschem Prozeßrecht die Anhängigkeit eines Hauptverfahrens im Inland voraus (§§ 641 d Abs. 2 S. 1; 620 a Abs. 2 S. 1 ZPO). Art. 24 GVÜ wird jedoch gerade dann nur zur Anwendung kommen, wenn für das Hauptverfahren beim für die einstweilige Maßnahme angegangenen Gerichte kein Gerichtsstand besteht. Beim unzuständigen Hauptsachegericht kann wegen offensichtlicher Unzulässigkeit aber keine einstweilige Maßnahme erwirkt werden[11].

Art. 24 GVÜ kann Bedeutung lediglich in den Fällen erlangen, in denen im Rahmen eines Ehescheidungsverfahrens der Entscheidungsverbund mit der Unterhaltssache nach § 623 ZPO an Art. 2 oder 5 Nr. 2 GVÜ scheitert. Das Gericht, bei dem dessen ungeachtet Statutsprozeß, die Ehesache, anhängig ist[12], bleibt nach nationalem deutschen Prozeßrecht für den Erlaß von Unterhaltsanordnungen zuständig. Allein die Anhängigkeit einer Ehesache ist insoweit ausreichend (§ 620 a Abs. 2 S. 1 ZPO).

Ein Verbund mit der Folgesache, d. h. hier der Unterhaltssache, nach §§ 621 Abs. 1, 623 Abs. 1 ZPO ist nicht erforderlich. Der Anspruch auf ehelichen Unterhalt ist mit dem Anspruch auf Geschiedenenunterhalt ohnehin nicht identisch[13]. Genaugenommen ist auch die verbundene Ehesache deshalb nie die Hauptsache bezüglich der Unterhaltsentscheidung.

---

[9] Zöller/*Geimer*, § 641 d Rz. 18.
[10] Rückforderung ist nur über ungerechtfertigte Bereicherung möglich: Stein/Jonas/*Schlosser*, § 620 f. Rz. 18; OLG Hamm, FamRZ 1985, 951.
[11] Stein/Jonas/*Schlosser*, § 620 Rdn. 14; Zöller/*Philippi*, § 620 Rz. 2; OLG Hamm, NJW 1977, 1597.
[12] Ausführlich dazu Schlosser-Bericht Nr. 32 ff.
[13] Zöller/*Philippi*, § 620 f. Rz. 2.

Eine solche Fallkonstellation, bei der aufgrund des GVÜ der Ehescheidungsverbund nicht möglich ist, könnte bei Anknüpfung der internationalen Zuständigkeit nach § 606 i. V. mit § 606 b ZPO aufgrund alleiniger deutscher Staatsangehörigkeit einer der Parteien entstehen[14]. Die Zulässigkeit nach Art. 24 GVÜ, in solchen Verfahren Unterhaltsanordnungen zu erlassen, ist nach den allgemein für vorgreifliche befriedigende einstweilige Verfügungen zu entwickelnden Maßstäben zu beurteilen[15].

Auch Art. 24 GVÜ ist nicht dahin zu verstehen, daß er insoweit nationales Prozeßrecht abändert und eigene Voraussetzungen des nationalen Rechts für die Zuständigkeit zum Erlaß derartiger Maßnahmen derogiert. Die Wirkung des Art. 24 beschränkt sich darauf, daß für einstweilige Maßnahmen die Zuständigkeitsbeschränkungen des Übereinkommens aufgehoben sind. Darüber hinausgehende Änderungen des nationalen Prozeßrechts bleiben dem nationalen Gesetzgeber vorbehalten[16].

Fraglich ist die Einordnung von einstweiligen Anordnungen zur Regelung der Benutzung der Ehewohnung und des Hausrates (§ 620 Nr. 7 ZPO) im Hinblick auf den Anwendungsbereich des GVÜ. Zwar handelt es sich dabei nicht um direkt vom Ausschlußkatalog des Art. 1 Abs. 2 Nr. 1 GVÜ angesprochene Rechtsmaterien. Nach der extensiven Rechtsprechung des EuGHE zur Auslegung des Begriffes „eheliche Güterstände"[17] sind derartige Anordnungen jedoch aus dem Anwendungsbereich des GVÜ ausgeschlossen, da sie als damit eng und unmittelbar verknüpft anzusehen sind[18]. Die Abgrenzung trifft der EuGH danach, ob es sich um vermögensrechtliche Beziehungen zwischen den Ehegatten handelt, die sich unmittelbar aus der Ehe bzw. ihrer Auflösung ergeben, oder ob diese unabhängig davon bestehen[19].

Die Zuweisung der Ehewohnung wird ausschließlich aufgrund der Auflösung der Ehe erforderlich und erfolgt auch nur in diesem Zusammenhang, weshalb eine solche gerichtliche Entscheidung dem Recht der „ehelichen Güterstände" i. S. des Art. 1 Abs. 2 Nr. 2 GVÜ zuzurechnen ist. Ob diese gerichtliche Entscheidung als einstweilige oder endgültige ergeht, ist für die Bestimmung des Anwendungsbereiches des GVÜ unerheblich[20]. Eine Einordnung derartiger Anordnungen im Rahmen des

---

[14] z. B. Ehescheidungsverfahren in Frankreich lebender Eheleute ist in Berlin nach § 606 Abs. 3 ZPO aufgrund deutscher Staatsangehörigkeit der Ehefrau anhängig. Beide hatten nie inländischen Aufenthalt.
[15] s. o. 3. Kap. C II. 3.
[16] So ausdrücklich die englische Rechtsauffassung: Erklärung der Regierung des Vereinigten Königreiches in EuGHE 1980, 1559 (1560).
[17] EuGHE 1980, 731.
[18] *Geimer*/Schütze, Bd. I/1, § 39 II, S. 265.
[19] EuGHE 1979, 1055 (1066); 1982, 189 (1203).
[20] EuGH, a.a.O.; *Geimer*/Schütze, Bd. I/1, § 23 II, S. 153 Fn. 6; s. o. 1. Kap. B I.

Art. 24 GVÜ als einstweilige Maßnahme kommt deshalb schon mangels Anwendung des Übereinkommens überhaupt nicht in Betracht. Für Art. 24 GVÜ gilt insoweit nichts abweichendes. Der Anwendungsbereich der Konvention ist einheitlich zu definieren[21].

Sonstige nicht den Unterhalt betreffende einstweilige Anordnungen in Familien- und Kindschaftssachen sind angesichts der angeführten extensiven Auslegung des Art. 1 Abs. 2 Nr. 1 GVÜ durch den EuGH[22] ohnehin aus dem Anwendungsbereich des Übereinkommens ausgeschlossen[23].

3. Versäumnisurteil, Vollstreckungsbescheid und Vorbehaltsurteil

Urteile im Versäumnisverfahren bzw. Vollstreckungsbescheid sind keine „einstweiligen Maßnahmen", weil sie der Rechtskraft bezüglich des zugrunde liegenden materiell-rechtlichen Anspruches fähig sind[24]. Darüber hinaus sind sie zwar beschleunigt zu erwirken, Voraussetzung ihres Erlasses ist jedoch nicht, daß der Kläger besonders dringlich darauf angewiesen ist[25].

Zwar ist ein Vorbehaltsurteil im Urkunds- bzw. Wechsel- oder Scheckprozeß keiner materiellen Rechtskraft fähig[26]. Sein Erlaß ist jedoch ebenfalls nicht von besonderer Dringlichkeit abhängig. Aus den dargestellten Gründen ist es deshalb aus den „einstweilige Maßnahmen" nach Art. 24 auszugliedern.

Darüber hinaus wäre nicht vorstellbar, wie die fortdauernde Anhängigkeit des ordentlichen Verfahrens nach § 600 Abs. 1 ZPO erreicht werden könnte. Ohne Änderungen des nationalen Prozeßrechts ist der isolierte Erlaß eines derartigen Vorbehaltsurteiles nicht möglich.

4. Beweissicherungsverfahren

Zu denken ist schließlich noch an Beweissicherungsverfahren nach §§ 485 ff. ZPO. Beweissicherungsverfahren sind zwar keine Klagen im technischen Sinne der deutschen ZPO, dennoch wäre auch für solche Verfahren der Zuständigkeitskatalog der Art. 2 ff. GVÜ zu beachten, soweit diese nicht nach Art. 24 GVÜ als einstweilige Maßnahmen anzusehen wären. Das Tatbestandsmerkmal „Klage" in der deutschen Fassung der Art. 2 ff. GVÜ ist untechnisch zu verstehen, wie aus dem

---

[21] *Geimer*/Schütze, Bd. I/1, § 29 XVI 3. Fn. 214, S. 235.
[22] EuGHE 1980, 731; dazu Hausmann, FamRZ 1980, 422 und IPRAX 1981, 7.
[23] *Geimer*/Schütze, Bd. I/1, § 39 II 2., S. 265.
[24] Zum Vollstreckungsbescheid: Thomas/Putzo, § 700 Anm. 1 a; zum Versäumnisurteil: Zöller/*Vollkommer*, § 322 Rz. 8; BGHZ 35, 338.
[25] s. o. 3. Kap. B V 2.
[26] Zöller/*Schneider*, § 599 Rz. 18; Thomas/Putzo, § 322 Anm. 2 b.

Gesamtzusammenhang hervorgeht[27]. Auch für Mahnverfahren müssen die zwingenden Zuständigkeiten des Titels II des GVÜ beachtet werden[28].

Ein Verfahrensgegner, an dessen Wohnsitz die gerichtlichen Zuständigkeitsregelungen anknüpfen könnte, ist regelmäßig beteiligt. Nach § 487 Nr. 1 ZPO ist der Gegner zu bezeichnen, nach § 491 ZPO ist er zu laden[29].

Ein Beweissicherungsverfahren vor deutschen Gerichten zur Unterstützung eines ausländischen Gerichtsverfahrens ist durchaus zulässig, sogar unabhängig von der Prüfung der Verwertbarkeit im Ausland[30].

Da ein Beweissicherungsverfahren. soweit der Gegner nicht ohnehin zustimmt, nur bei Dringlichkeit durchgeführt wird (§ 485 S. 2 ZPO) und dabei ergehende gerichtliche Entscheidungen mit Blick auf das Hauptverfahren nicht vorgreiflich sein können, lassen sich diese als „einstweilige Maßnahmen" im Sinne des Art. 24 GVÜ einordnen.

Die Herausnahme aus dem zwingenden Zuständigkeitskatalog entspricht auch den zugrunde liegenden Interessen, da hier kein Schutz des Beklagten vor unzumutbaren Gerichtsständen im Raume steht. Nach § 486 Abs. 2 ZPO ist das sachnächste Gericht zur Entscheidung zuständig. Dies entspricht der Ratio des Art. 24 GVÜ[31]. Derartige nationale Zuständigkeitsbestimmungen wollte das Übereinkommen nicht beseitigen[32].

Eine Kollision mit dem Haager Übereinkommen über die Beweisaufnahme im Ausland vom 18. 3. 1970 besteht nicht. Zwar geht es im hier angesprochenen Teilbereich des GVÜ ebenso wie im genannten Haager Abkommen um die, aus dem Blickwinkel des für die Hauptverhandlung zuständigen Gerichts, ausländische Beweisaufnahmemaßnahme. Maßnahmen im Beweissicherungsverfahren nach § 485 ff. ZPO können jedoch nur unter den Voraussetzungen ergehen, daß anderenfalls Beweisverlust zu besorgen ist (§ 485 S. 2 ZPO). Beweisaufnahmen im Rahmen von Rechtshilfe nach dem Haager Abkommen sind nicht von einer derartigen Voraussetzung abhängig, sondern dort allgemein geregelt. Eine Beweisaufnahme im Wege der Rechtshilfe findet nur aufgrund eines

---

[27] Kropholler, EuGVÜ, Art. 1 Rz. 10.
[28] Bülow/Böckstiegel/*Schlafen*, 606/42 Art. 3 Anm. 3.
[29] Zur Voraussetzung des „Verfahrensgegners" als Voraussetzung der Anwendung des Zuständigkeitskataloges des GVÜ: *Schlosser*-Bericht Nr. 23; *Geimer*/Schütze, Bd. I/1, § 29 XI, S. 213.
[30] Stein/Jonas, 19. Aufl. § 486 Fn. 3; AG Frankfurt a. M. mit zustimmender Anm. Cohn in JZ 1960, 540.
[31] s. o. 3. Kap. B V 2. a. E.
[32] *Geimer*/Schütze, Bd. I/1, § 29 XI Nr. 4, S. 215 explizit für das Beweissicherungsverfahren.

C. Die einstweiligen Maßnahmen in Deutschland

behördlichen Ersuchens nach inländischer behördlicher Kontrolle (Art. 5 Haager Übereinkommen) statt (Art. 1 Abs. 1 Haager Übereinkommen). Beweissicherungsverfahren nach § 485 ff. ZPO dagegen sind gewöhnliche Parteiverfahren, die aufgrund Gesuchs der Partei selbst in Gang kommen (§ 485 S. 1 ZPO).

Eine Kollision ist auch durch die ausdrückliche Regelung der Art. 27 b und Art. 32 Haager Übereinkommen ausgeschlossen. Danach bleibt es den Vertragsstaaten unbenommen, einfacher erreichbare Verfahren zur Beweisaufnahme zwecks Unterstützung des ausländischen Hauptverfahrens zuzulassen bzw. derartiges in anderen Übereinkommen zu regeln.

Ein Beweissicherungsverfahren nach §§ 485 ff. ZPO zur Unterstützung des ausländischen Hauptverfahrens ist deshalb stets beim sachnächsten Gericht zulässig (§ 486 Abs. 2 ZPO).

II. Leistungs- bzw. Befriedigungsverfügungen

Wie bereits ausgeführt[33], sind einstweilige Rechtsschutzmaßnahmen, die inhaltlich, wenn auch vorläufig, das zusprechen, was Gegenstand des dem Rechtsstreit zugrunde liegenden materiell-rechtlichen Anspruches ist, aufgrund der regelmäßig gegebenen Interessenkonstellation grundsätzlich aus dem Begriff der „einstweilige Maßnahme" im Sinne des Art. 24 GVÜ ausgeschlossen. Fraglich ist deshalb, inwieweit sog. Leistungs- bzw. Befriedigungsverfügungen aus dem Anwendungsbereich des Art. 24 herauszunehmen sind.

1. Begriffsbestimmung

Es handelt sich dabei um einstweiligen Rechtsschutz, der entgegen dem gängigen Postulat, einstweiliger Rechtsschutz diene der Sicherung der Vollstreckung des Urteils im Hauptprozeß und dürfe deshalb dessen Ergebnis nicht vorwegnehmen[34], bereits die im Hauptverfahren verfolgte Begehr zuspricht. Der Antragsteller erreicht damit im Wege des einstweiligen Rechtsschutzes die Rechtsfolge, die er eigentlich nur im ordentlichen Verfahren erreichen könnte.

Neben den gesetzlich geregelten Typen der einstweiligen Verfügung, der rein sichernden einstweiligen Verfügung nach § 935 ZPO und der regelnden nach § 940 ZPO hat sich dieser dritte Typ der einstweiligen

---

[33] s. o. 3. Kap. B V 3.
[34] Baur/*Stürner*, § 47 Rz. 834 und 909; Stein/Jonas/Grunsky, vor § 916 Rz. 2; Jauernig, ZPR, § 34 II; Leipold, Grundlagen des einst. Rechtsschutzes, S. 81 m. w. N.: „Nicht wie in Frankreich (Art. 809 Cpc) gesetzlich normiert, aber in Deutschland dennoch für selbstverständlich anzusehen."

Verfügung herausgebildet[35]. Er wird entsprechend seinem Inhalt Leistungsverfügung[36] bzw. Befriedigungsverfügung[37] genannt.

Hierunter fallen sowohl Verurteilungen zu positivem Tun, z. B. Zahlung von Geld oder Herausgabe von Sachen, die durch verbotene Eigenmacht weggenommen worden sind[38], wie auch Unterlassungsverurteilungen hinsichtlich einer Unterlassungsverpflichtung als Hauptpflicht, sei es aus Wettbewerbsverboten, bei unlauterem Wettbewerb oder Verletzung von Persönlichkeitsrechten[39].

Problematisch sind hier weniger Fälle des Verbotes einer einmaligen Handlung, z. B. Bebauen eines Grundstückes[40], sondern besonders zeitgebundene Unterlassungspflichten. Verpflichtungen also, gerade während einer gewissen Zeit eine gewisse Handlung zu unterlassen. Mit Zeitablauf geht ansonsten das Gläubigerrecht für diese Zeitspanne unwiderruflich verloren[41]. Mit der Unterlassungsanordnung im Verfügungsverfahren andererseits ist aber das Gläubigerrecht endgültig befriedigt[42].

2. Erscheinungsformen der Befriedigungs- oder Leistungsverfügung

Insbesondere im Wettbewerbsverfahrensrecht können vielfältige Typen einstweiliger Verfügungen aufgezeigt werden, die das Gläubigerrecht endgültig befiedigen. Diese lassen sich im wesentlichen nach Unterlassungs- und Beseitigungsansprüchen gliedern.

Bei den Unterlassungsansprüchen ist der Umfang der endgültigen Gläubigerbefriedigung grundsätzlich davon abhängig, ob der Anspruch in seinem Bestand selbst zeitlich befristet ist oder nicht.

Zeitlich begrenzte Wettbewerbsverbote nach Beendigung eines Dienstverhältnisses etwa (§ 74 HGB), werden im Verfügungsverfahren tatsächlich endgültig durchgesetzt oder gehen unwiderruflich verloren, da ihre Laufzeit regelmäßig die eines Hauptverfahrens nicht übersteigt.

---

[35] BGH NJW 1965, 915 spricht von 3. Art von Verfügungen; andere Einordnung bei Leipold, a.a.O., S. 113.
[36] Jauernig, ZZP 1979, 321 (323).
[37] Schilken, S. 21.
[38] Grunsky, JuS 1976, 283; Jauernig, a.a.O., S. 337.
[39] Baur/*Stürner*, § 50 Rz. 920.
[40] Beisp. nach Grunsky, a.a.O.
[41] Ahrens, Wettbewerbsverfahrensrecht, S. 251.
[42] Grunsky, a.a.O.; Jauernig, (ZZP 1979, 332), will Unterlassungsverfügungen bei den Regelungsverfügungen nach § 940 ZPO einreihen, mit der Begründung, es bedürfe nach einer Aufhebung der Verfügung keines contrarius actus, da der frühere Zustand ex nunc automatisch wieder eintrete. Es handelt sich dabei um keinen im hier relevanten Zusammenhang erheblichen Streit, da Jauernig gleichwohl den „Befriedigungseffekt" einer solchen Verfügung und die damit verbundenen Gefahren erkennt (Zivilprozeßrecht § 37 II). Gegen Jauernig statt vieler Leipold, a.a.O., S. 112 f.

C. Die einstweiligen Maßnahmen in Deutschland

Der Unterlassungsanspruch gegen den Wettbewerber wegen unlauterer Werbung dagegen ist im Bestand nicht zeitlich befristet. Dennoch wirkt die Entscheidung im Verfügungsverfahren tatsächlich oftmals als endgültige. Der Wettbewerb von gestern ist regelmäßig morgen nicht nachholbar[43]. Die Aufwendungen für eine Werbekampagne werden durch ein einstweiliges Verbot hinfällig, da sie größtenteils nicht für eine Aktion im nächsten oder übernächsten Jahr genutzt werden können[44].

Auch das Verbot der Benutzung eines Firmennamens, das rein rechtlich betrachtet keine besondere zeitliche Verknüpfung erkennen läßt, wirkt faktisch besonders weitreichend und endgültig[45].

Bei den Beseitigungsansprüchen allgemein wird Zurückhaltung geübt, soweit ein solcher Anspruch im Verfügungsverfahren vollständig durchgesetzt werden soll. Die Verfügung soll, soweit möglich, in ihrer Tenorierung inhaltlich hinter der vom Beseitigungsanspruch umfaßten Rechtsfolge zurückbleiben[46].

Soweit der Beseitigungsanspruch mit der Verurteilung zu Handlungen verbunden ist, soll er nur dann im Verfügungsverfahren durchgesetzt werden können, wenn der Antragsteller besonders dringend darauf angewiesen ist[47] oder wenn die im Streit befindliche Handlung nur innerhalb eines bestimmten Zeitraumes durchgeführt werden kann (Fixgeschäfte)[48].

Im einstweiligen Verfügungsverfahren nicht verfolgbar sind in ihrer Wirkung besonders weitreichende Ansprüche wie die Anordnung der Firmenlöschung[49], die Vernichtung von Werbematerial[50] oder die Herausgabe solchen Materials an den Antragsteller[51].

---

[43] Ahrens, S. 251.
[44] Ahrens, S. 254.
[45] OLG Stuttgart, WRP 1982, 50 (51); OLG Karlsruhe, WRP 1982, 44 (45); OLG Frankfurt, WRP 1973, 225; Ahrens, a.a.O.
[46] KG WM 1977, 932 f. hat im Verfügungsverfahren die Verurteilung zur Löschung einer Auflassungsvormerkung aufgrund der damit verbundenen endgültigen Regelung abgelehnt. Stattdessen wurde ein Verbot an den Inhaber der Auflassungsvormerkung erlassen, sich als Eigentümer im Grundbuch eintragen zu lassen.
[47] Bei Verstoß gegen § 26 Art. 2 GWB etwa zur Belieferung mit dringend benötigten Waren bei Stein/Jonas/*Grunsky*, vor § 935 Rz. 54; OLG Karlsruhe, GRUR 1980, 811; Ahrens, S. 255.
[48] z. B. Anspruch von Filmverleihern auf Vorführung eines Filmes gegenüber Filmtheaterbesitzern OLG Düsseldorf, OLGZ 1968, 172; OLG Frankfurt, Ufita 38, 72; Anspruch auf Aufnahme einer Anzeige in eine Tageszeitung aufgrund Monopolstellung OLG Schleswig, NJW 1977, 1886.
[49] In Österreich OLG Wien in ÖBl 1956, 52 f.; Bambach/*Hefermehl*, § 25 Rz. 29; Ahrens, S. 256 f.
[50] OLG Frankfurt, GRUR 1976, 663 (665).
[51] Noch weitergehend OLG Hamburg, WRP 1962, 369 (371).

Soweit ein Beseitigungsanspruch durch Widerruf etwa nach ehrenrühriger Behauptung durchgesetzt werden soll, tritt die Endgültigkeit einer solchen Verurteilung besonders deutlich zu Tage.

Auch ein vorläufiger Widerruf tritt nach außen als voller Widerruf in Erscheinung[52]. Der spätere Widerruf des Widerrufs nach gegenteiliger Entscheidung in der Hauptsache ist in der Wirkung fruchtlos, da er schwerlich mit Ereignissen aus vergangenen Jahren in Zusammenhang gebracht wird[53]. Dementsprechend läßt die h. M. nur eingeschränkt derartige Verfügungen zu, etwa des Inhaltes, der Widerruf erfolge aufgrund einstweiliger Verfügung[54].

Beseitigungsansprüche gegenüber Besitzstörungen werden allgemein als im Verfügungsverfahren verfolgbar angesehen[55]. Sonstige Herausgabeansprüche dagegen sind nur dann zulässiger Gegenstand von einstweiligen Verfügungen, wenn der Gläubiger auf die fragliche Sache besonders dringlich angewiesen ist[56].

Zulässig sind auch in gewissem Umfang gestaltende einstweilige Verfügungen, z. B. die Entziehung der Geschäftsführungsbefugnis und Übertragung auf einen Dritten[57]. Hierbei wird ebenfalls für die Zeit bis zur Hauptsacheentscheidung eine endgültige Regelung getroffen.

Nach h. M. zulässig sind einstweilige Verfügungen, die Streikverbote im Arbeitskampfrecht aussprechen[58]. Aufgrund der irreparablen Eingriffe in die Tarifautonomie, die in Geld nicht meßbar sein sollen[59], wird die Zulässigkeit derartiger Verfügungen zunehmend kritisiert[60].

Einzugehen ist schließlich noch auf die Fallgruppe, die mit dem Begriff „Leistungsverfügung" zunächst in Verbindung gebracht wird, der einstweiligen Verfügung auf Zahlung einer Geldsumme an den Antragsteller. Solche Verfügungen können erlassen werden, soweit der Gläubiger auf den sofortigen Geldeingang angewiesen ist, um eine aktuelle Notlage abzuwenden. Dies ist dann der Fall, wenn das Geld zur Be-

---

[52] OLG Celle, WRP 1965, 237 (238).
[53] Pastor, S. 421.
[54] Stein/Jonas/*Grunsky*, vor § 935 Rz. 52.
[55] OLG Frankfurt, BB 1981, 148; Stein/Jonas/*Grunsky*, vor § 935 Rz. 44.
[56] z. B. vom Arbeitgeber zu Unrecht zurückbehaltene Arbeitspapiere in ArbG Wetzlar, BB 1972, 212; Stein/Jonas/*Grunsky*, vor § 935 Rz. 45; s. a. in England CA (1963) 1 Lloyds' Rep. 595, 598 per Lord Denning (Herausgabe von Geschäftspapieren).
[57] BGHZ 33, 105; BGH BB 1969, 245; Stein/Jonas/*Grunsky*, § 938 Rz. 7.
[58] Nachweise aus der Rechtsprechung und Literatur bei Piehler, § 4, S. 63 ff. (79).
[59] Hessel, DB 1967, 2071; Birk, AuR 1974, 294 ff.
[60] Piehler, S. 81 f.

streitung des Lebensunterhalts, zur Erhaltung der Gesundheit[61] oder zur Abwendung bedeutender Vermögensschäden[62] notwendig ist[63].

Gewisse Zurückhaltung im Erlaß solcher Verfügungen bestand bei Ansprüchen, die nicht unter die Unterhaltsansprüche i. S. der Systematik des BGB einzuordnen sind[64]. Eine derartige Einschränkung läßt sich jedoch nicht begründen[65]. Jeder Geldanspruch ist deshalb unter den genannten Voraussetzungen mit einstweiliger Verfügung durchsetzbar[66].

3. Systematische Einordnung der Leistungsverfügung in die Rechtsschutzsysteme des deutschen Rechts

Unter Berücksichtigung des allen diesen genannten Verfügungstypen gemeinsamen Befriedigungseffektes, der der Systematik des einstweiligen Rechtsschutzes fremd ist, sind seit geraumer Zeit Ansätze dazu da, derartige Befriedigungsverfügungen aus dem System des einstweiligen Rechtsschutzes auszugliedern und als eigenständige beschleunigte Prozeßart besonderen Charakters anzusehen.

Erstmals ist dieser Gedanke bei Friedrich Stein[67] zu finden. Von ihm stammt der bis in die jüngste Literatur[68] übernommene Satz: „Bei der auf Erfüllung gerichteten einstweiligen Verfügung handelt es sich um die gewohnheitsrechtliche Schaffung einer neuen besonderen Prozeßart, bei der nach Art des gemeinrechtlichen Mandatsprozesses auf bloße Glaubhaftmachung des Anspruches hin die Zahlung aufgegeben wird[69]." Goldschmidt[70] bezeichnet sie als wiederaufgekommene besondere summarische Verfahrensart.

Den Begriff des „beschleunigten Verfahrens" prägt erstmals Markett[71], der die befriedigende Verfügung als beschleunigte Prozeßart besonderen Charakters bezeichnet, die sich, zum größten Teil ohne

---
[61] OLG Köln, MDR 1959, 398.
[62] OLG Düsseldorf, MDR 1960, 58.
[63] Stein/Jonas/*Grunsky*, vor § 935 Rz. 39.
[64] OLG Celle, VersR 1960, 280.
[65] Schilken, S. 143.
[66] Stein/Jonas/*Grunsky*, vor § 935 Rz. 41; Leipold, S. 121; a. A. Baur, BB 1964, 609.
[67] Über die Voraussetzungen des Rechtsschutzes, insbesondere bei der Verurteilungsklage, Festgabe der juristischen Fakultät der vereinigten Universität Halle-Wittenberg für H. Fitting, Halle (1903), S. 9 ff.; ders. Gaupp/*Stein*, Vorb. IV vor § 916 Bd. 2, S. 736 f.
[68] Stein/Jonas/*Grunsky*, vor § 935 Rz. 35.
[69] Stein, a.a.O., S. 10; Theodor Sonnen, Anm. zum Urteil KG 29. 8. 1921, JW 1927, 2473.
[70] Zivilprozeßrecht, 2. Aufl. (1932), S. 431.
[71] Einstw. Verf. mit Befriedigungserreichung, S. 37.

gesetzliche Grundlage im Wege prozessualen Gewohnheitsrechts herausgebildet habe.

Pothmann[72] greift diesen Gedanken auf und sondert die „Leistungsverfügung" sowohl vom Arrestprozeß wie vom ordentlichen Urteilsverfahren ab. Er sieht dabei eine völlig neue, in der Praxis der Gerichte entwickelte Prozeßart, die von allen anderen bekannten Verfahren scharf zu trennen ist und selbständig neben ihnen steht.

In der jüngsten Literatur wird die Ausgliederung der Verfügung mit Befriedigungseffekt aus dem System des einstweiligen Rechtsschutzes verstärkt fortgeführt[73].

Insbesondere die wachsende Bedeutung der Unterlassungsverfügung im Wettbewerbsprozeß[74], sowie der in jüngerer Zeit verstärkte Blick über die Staatsgrenzen haben dieser Meinung Auftrieb gegeben.

So stellt Schlosser[75] ein Defizit der deutschen ZPO hinsichtlich eines zwischen sicherndem einstweiligen Rechtsschutz und ordentlichem Verfahren stehenden „beschleunigten" Rechtsschutzes fest. Andere Rechtsordnungen, wie z. B. viele schweizerische Kantone[76] haben ein solches eigenständiges Rechtsinstitut entwickelt.

Es dient dazu, dem besonders dringlich auf die „angeblich geschuldete" Leistung Angewiesenen zur Vermeidung einer Notlage einen Weg zur Existenzsicherung aufzuzeigen. Voraussetzung ist stets ein Interesse des Gläubigers am Erlaß einer solchen Anordnung, das gegenüber dem Interesse des Schuldners, nur im ordentlichen Verfahren mit allen Richtigkeitsgarantien zur Leistung verurteilt zu werden, überwiegt. Diese Interessenabwägung ist einerseits vom Grad der Glaubhaftmachung des Verfügungsanspruches abhängig, denn je gewisser der Bestand des klägerischen Anspruches ist, um so geringer wird das schützenswerte Interesse des Schuldners daran, nicht im einstweiligen Verfahren zur

---

[72] Die e. V. als Ersatz einer Verurteilung, S. 59.
[73] Leipold, ZZP 90 (1977), S. 258 ff.; S. 260: ... aus dem Eilverfahren wird ein beschleunigter ordentlicher Prozeß; Bruns/Peters, Zwangsvollstreckungsrecht (1976), S. 283: Sie (Die Befriedigungsverfügung) stellt vielmehr eine besondere summarische Verfahrensart dar und ist insoweit in eine Reihe mit dem Mahnverfahren und dem Urkundsprozeß einzuordnen; Stürner/Baur, Zwangsvollstreckungsrecht, Rz. 920: ... jedoch handelt es sich letztlich um eine besondere Prozeßart des Richterrechts; Gerhardt, Zwangsvollstreckungsrecht, S. 252: Summarische Verurteilung in einem praeter legem entwickelten freien Verfahren; ebenso Grunsky, a.a.O. Die ZPO-Reformkommission des Landes Baden-Württemberg stellt in ihrer Bestandsaufnahme fest, daß sich hier im Wege richterlicher Rechtsfortbildung aus einem Verfahren zur Sicherung und Regelung ein summarisches Verfahren auf Leistung entwickelt hat (Bericht S. 213).
[74] Pastor, S. 258, spricht von 3. Prozeßart.
[75] Zivilprozeßrecht, Rd. 2 § 10 III 2. Rz. 256.
[76] Guldener, Zivilprozeßrecht (CH), § 67 B, 68.

Leistungserbringung verurteilt zu werden[77]. Den Belangen des Antragsgegners ist neben denjenigen des Antragstellers gleiche Beachtung zu schenken[78]. Andererseits ist die Interessenabwägung von der Notwendigkeit eines Erlasses einer einstweiligen Verfügung aufgrund des mit einem Hauptverfahren verbundenen Zeitverlustes und der dadurch bedingten Gefahren für die Realisierung dieser Entscheidung abhängig.

Aus deutscher Sicht ergibt sich die Notwendigkeit der Bereitstellung eines solchen Verfahrens, das die Nullwertigkeit einer Entscheidung verhindert, aus dem Rechtsstaatsprinzip. Soweit der Staat ein Durchsetzungsmonopol in Anspruch nimmt, darf er den einzelnen nicht rechtlos stellen[79].

*4. Qualifikation der Leistungsverfügung
des deutschen Rechts im Rahmen des GVÜ (Art. 24)*

Mit dem einstweiligen Rechtsschutz haben diese Verfahren nurmehr den Verfahrensablauf aufgrund der gemeinsamen genetischen Wurzel gemeinsam. Die einen dienen der Sicherung der Vollstreckbarkeit des späteren Ausspruches in der Hauptsache, die anderen der Sicherung des auf den Anspruch dringend angewiesenen. Die letzteren sollen sicherstellen, daß die geschuldete Leistung für den Gläubiger ihren wirtschaftlichen Wert behält.

Für den vor der drohenden Insolvenz stehenden Unternehmer ist die Leistung (Geldzahlung) nach Zusammenbruch seines Unternehmens wertlos, wenn er bei sofortiger Zahlung diesen Zusammenbruch abwenden könnte.

Wer im Wettbewerb steht, hat allein ein wirtschaftliches Interesse an einer sofortigen Unterlassungsverfügung hinsichtlich unzulässiger Werbeaussagen des Konkurrenten. Eine Entscheidung nach Jahren, nach Abschluß eines langwierigen Hauptverfahrens, ist nahezu wertlos, da sie den Wettbewerb der bereits abgelaufenen Saison betrifft.

Die Loslösung dieses beschleunigten Verfahrens vom einstweiligen Rechtsschutz geht bereits soweit, daß im Einzelfall ein nachfolgendes Hauptverfahren überhaupt gesetzlich ausgeschlossen wird[80] oder in der Praxis wegen der wirtschaftlichen Wertlosigkeit nurmehr als Ausnahme stattfindet[81]. Von der Einstweiligkeit der gerichtlichen Entschei-

---

[77] Stein/Jonas/*Grunsky*, § 935 Rdn. 9.
[78] Schlosser, a.a.O., Rz. 261.
[79] Schilken, S. 20 m. w. N.
[80] z. B. § 11 Abs. 4 Pressegesetz Baden-Württemberg oder Hamburg (dazu BGHZ 62, 7 [10]) bestimmen, daß das Verfahren zur Durchsetzung des presserechtlichen Gegendarstellungsanspruches im Wege des einstweiligen Rechtsschutzes durchzuführen ist, ein Hauptverfahren jedoch nicht mehr stattfindet.
[81] Ahrens, a.a.O., S. 150, mit umfangreichem statistischem Material; Baur,

dung kann dabei nicht mehr oder nurmehr theoretisch gesprochen werden.

Erkenntnisse derartiger beschleunigter Verfahren belasten den Antragsteller gegenüber den eigentlichen einstweiligen, gesetzlich explizit geregelten Maßnahmen ungleich stärker, da sie endgültige Zustände schaffen. Selbst wenn eine theoretische Korrigierbarkeit, wie bei Geldzahlungsverpflichtungen besteht, ist der geschaffene Zustand tatsächlich endgültig. Voraussetzung einer einstweiligen Verfügung auf Geldzahlung ist gerade die Notlage des Gläubigers[82], die eine Uneinbringlichkeit der Rückzahlungs- bzw. Schadensersatzforderung des Schuldners nach sich zieht, wenn sich das vermeintliche Recht des Gläubigers später nicht bestätigt.

Zusätzlich belastet wird der Schuldner durch die Notwendigkeit, einen eventuellen späteren Rückzahlungsanspruch im Ausland realisieren zu müssen. Dies wird regelmäßig der Fall sein, da Art. 24 nur dann von Bedeutung ist, wenn Schuldner und Gläubiger ihren Wohnsitz in verschiedenen Vertragsstaaten haben.

Zwar ist die Notwendigkeit der Auslandsvollstreckung als Arrestgrund (§ 917 Abs. 2 ZPO) gegenüber Vertragsstaaten des GVÜ sehr umstritten[83], eine im deutschen Recht vorhandene gesetzliche Anerkennung des Interesses, möglichst nicht auf eine Rechtsverfolgung im Ausland angewiesen zu sein, ist damit jedoch de lege lata auch gegenüber GVÜ Vertragsstaaten gegeben.

Dagegen ist das Interesse des Gläubigers daran, eine Befriedigungsverfügung als einstweilige Maßnahme im Sinne des Art. 24 eingeordnet zu sehen, nicht mit dem Interesse am Zeitgewinn zwischen Verfügungsverfahren und Hauptverfahren zu verwechseln. Während letztgenanntes für die Interessenabwägung bezüglich der Zulässigkeit von befriedigenden einstweiligen Verfügungen überhaupt von Bedeutung ist[84], wird hier nur das Interesse des Gläubigers an einer Durchbrechung des Zuständigkeitskataloges erheblich. Im Rahmen des Art. 24 ist dabei allein schützenswert und deshalb in die Abwägung einzubeziehen dasjenige am Zeitgewinn bis zur Erlangung von einstweiligem Rechtsschutz im Wohnsitzstaat des Schuldners.

BB 1964, 604 spricht von „Schuß über das Grab"; im Wettbewerbsprozeß wird durch die Technik des sog. Abschlußschreibens und der Abschlußerklärung der Verfügungstitel endgültig gemacht (dazu Ahrens, a.a.O., S. 215).

[82] Stein/Jonas/*Grunsky*, vor § 935 Rz. 39 m. w. N.

[83] Für die Anwendung von § 917 Abs. 2 ZPO auch gegenüber Vertragsstaaten: Stein/Jonas/*Grunsky*, § 917 Rz. 15 m. w. N.; dagegen: Geimer/*Schütze*, Bd. I/1, S. 277 Fn. 32; Schlosser, RIW/AWD 1983, 480 Fn. 76.

[84] s. o. 3. Kap. II e 3.

C. Die einstweiligen Maßnahmen in Deutschland

Angesichts der gebotenen restriktiven Auslegung des Art. 24[85] wird diese Interessenabwägung bei befriedigenden einstweiligen Verfügungen regelmäßig zuungunsten des Gläubigers ausfallen[86]. Der Beschleunigungseffekt, auf den sich sein in die Abwägung einzubeziehendes Interesse richtet, der mit der Einordnung derartiger Verfügungen unter die einstweiligen Maßnahmen im Sinne des Art. 24 GVÜ verbunden ist, ist wesentlich geringer als derjenige durch die Erlangung von einstweiligem Rechtsschutz überhaupt.

Das Interesse des Beklagten am Unterbleiben derartiger Verfügungen im nicht vom GVÜ vorgesehenen Gerichtsstand im Wohnsitzstaat des Gläubigers ist gegenüber dem am Unterbleiben derartiger Verfügungen überhaupt ein erheblich gesteigertes. Er trägt nicht nur das Insolvenzrisiko bezüglich seines Anspruches auf Rückgewähr bzw. den Schadensersatz, ihm wird zusätzlich die Rechtsverfolgung im Ausland aufgebürdet. Mit der aufgezeigten, im Vordringen befindlichen Lehrmeinung[87] mit Blick auf die Einordnung in das deutsche Prozeßrecht ist deshalb die Leistungs- bzw. Befriedigungsverfügung aus dem einstweiligen Rechtsschutz auch im Sinne des Art. 24 GVÜ auszugliedern[88].

Die im deutschen Recht aus dem Rechtsstaatsprinzip/Justizgewährungsanspruch entspringende Verpflichtung der Bereitstellung eines derartigen Verfahrens, ist im hier angesprochenen Bereich der internationalen Zuständigkeit aufgrund der hier zugrunde liegenden wesentlich andersartigen Interessenkonstellationen nicht vorhanden.

Da dies das Ergebnis einer Interessenabwägung für typisch gelagerte Sachverhalte ist, ist eine abweichende Einordnung in atypisch gelagerten Fällen nicht ausgeschlossen. Soweit dem Gläubiger durch die Ausklammerung des von ihm nachgesuchten, nach verfahrenstechnischer Ausgestaltung einstweiligen Rechtsschutzes aus dem Anwendungsbereich des Art. 24 GVÜ ein Rechtsverlust droht, kann unter Berücksichtigung der Schuldnerinteressen eine Befriedigungs- oder Leistungsverfügung im nach Art. 24 zulässigen Gerichtsstand ergehen. Bei der inhaltlichen Bestimmung dieser Verfügung hat das Gericht aber die Schuldnerinteressen zu berücksichtigen und eine tatsächliche Endgültigkeit gesichert auszuschließen.

---

[85] s. o. 3. Kap. B IV.
[86] s. o. 3. Kap. B V. 3.
[87] s. o. 3. Kap. C II. 3.
[88] a. A. ohne Begr. *Geimer*/Schütze, § 39 V, S. 267; Kropholler, EuGVÜ, Art. 24 Rz. 5; Bülow/Böckstiegel, 606/189 Art. 24 III; Grunsky, RIW/AWD 1977, 7.

5. Ausweichmöglichkeiten durch Tenorierungsgestaltung

Mitunter kann jedoch durch entsprechende Tenorierung der Erlaß einer Befriedigungs- bzw. Leistungsverfügung vermieden werden. Bezüglich der denkbaren Tenorierungsmöglichkeiten soll auf die Hauptgruppen, die Geldleistungsverfügungen und die Unterlassungsverfügungen im Bereich des gewerblichen Rechtsschutzes eingegangen werden.

Zur Vermeidung eines endgültigen Rechtsverlustes des Antragsgegners ist bei der Leistungsverfügung auf Geldzahlung in der deutschen Literatur und Rechtsprechung bereits mehrfach die Möglichkeit erwogen worden, statt Zahlung an den Antragsteller direkt die Hinterlegung des strittigen Geldbetrages bzw. die Einzahlung auf ein Sperrkonto anzuordnen[89]. Ihren Niederschlag haben diese Überlegungen wohl in der mittlerweile gesetzlich aus der einstweiligen Verfügung ausgegliederten Unterhaltsanordnung gefunden, die ausdrücklich wahlweise auf Sicherheitsleistung statt auf Zahlung an den Antragsgegner lauten kann (§ 64 l d ZPO).

Eine generelle Übertragung dieser Tenorierungsmöglichkeit auf jedwede Geldleistungsverfügung wird jedoch überwiegend abgelehnt[90]. Begründet wird die ablehnende Haltung mit der Notwendigkeit, die Trennungslinie zwischen Arrest und einstweiliger Verfügung zu erhalten. Die Hinterlegungsverfügung sei systemwidrig und diene nur der Sicherung der Anspruchsverwirklichung, d. h. Arrestzwecken[91]. Verdeutlicht wird dies von Baur[92], der darauf hinweist, daß allein die mögliche Nichteinbringbarkeit eines Unterhaltsurteils nach Abschluß eines Hauptverfahrens als Arrestgrund nicht ausreichend sei.

Das letztgenannte Beispiel stützt zwar die Auffassung, daß allein aufgrund der drohenden Nichteinbringbarkeit keine einstweilige Verfügung auf Hinterlegung angeordnet werden darf, sagt jedoch nichts darüber, ob nicht unter den davon verschiedenen Voraussetzungen einer Geldleistungsverfügung, regelmäßig der Notlage des Antragstellers, als weniger einschneidendes Mittel zumindest die Hinterlegungsverfügung erlassen werden kann. Man könnte allenfalls einwenden, daß dadurch inhaltlich Arreste unter Voraussetzungen gewährt werden, die nach den für den Arrest bestehenden gesetzlichen Bestimmungen nicht ausreichend wären. Das grundsätzliche Spezialitätsverhältnis des Ar-

---

[89] LG Stuttgart, NJW 1954, 37; LG Konstanz, MDR 1968, 243; LG Aurich, MDR 1965, 142; Schlosser, FamRZ 1967, 703 (705).
[90] LG Stuttgart, FamRZ 1961, 82; LG Hamburg, MDR 1966, 167; LG Bochum, NJW 1967, 1428; Gaul, FamRZ 1958, 162; Schilken, S. 141 Fn. 21.
[91] Schilken, a.a.O.
[92] Baur, BB 1964, 607 (609).

restes zur einstweiligen Verfügung, das für die Sicherung eines Geldzahlungsanspruches eine einstweilige Verfügung unzulässig macht[93], stünde dann dem Erlaß einer einstweiligen Verfügung diesen Inhaltes entgegen.

Da jedoch die Geldleistungsverfügung überhaupt eine vom Gesetz weitgehend losgelöste, durch richterliche Rechtsfortbildung geschaffene Rechtsentwicklung darstellt[94], können die zur Vermeidung der Befriedigungswirkung inhaltlich hinter ihr zurückbleibenden Ausformungen nicht an der strengen gesetzlichen Systematisierung scheitern. Der Antragsgegner wird dadurch weniger beeinträchtigt als bei der Verurteilung zur Leistungserbringung an den Antragsteller direkt, der u. U. ebenfalls Interesse daran hat, sich mit der bloßen Sicherung zu begnügen, etwa weil der „Sicherungsschaden" geringer sein kann als der „Erfüllungsschaden"[95].

Eine einstweilige Verfügung des Inhaltes, den streitbefangenen Geldzahlungsanspruch, statt direkt an den Antragsteller, bis zur Hauptsacheentscheidung auf ein Sperrkonto einzuzahlen bzw. zu hinterlegen, ist deshalb zulässig und auch geeignet, eine tatsächliche Endgültigkeit auszuschließen. Eine derartige Verfügung wäre deshalb als „einstweilige Maßnahme" im Sinne des Art. 24 GVÜ einzuordnen.

Den Gegnern der Zulässigkeit solcher Verfügungen ist jedoch zuzugestehen, daß eine solche Tenorierung gerade für die kritischen Fälle, in denen der Antragsteller dringlich auf den Erhalt des Geldes angewiesen ist, nicht weiterhilft[96].

Im Bereich der Unterlassungsverfügung soll noch eine im englischen gewerblichen Rechtsschutz weitverbreitete und in Deutschland von Baur[97] vorgeschlagene Tenorierungsmöglichkeit etwa bei Schutzrechtsverletzungen aufgegriffen werden. Statt im Verfügungsverfahren die beanstandete Verletzungshandlung zu untersagen und damit endgültige Verhältnisse zu schaffen, könnte dem Antragsgegner zur Vermeidung eines Verbotes aufgegeben werden, eine angemessene Lizenzgebühr zu hinterlegen. Aus dieser könnte der Antragsteller dann gesichert bei obsiegen in der Hauptsache seinen zu bemessenden Schadensersatzanspruch befriedigen.

---

[93] OLG Düsseldorf, NJW 77, 1828; Baumbach/Lauterbach/Hartmann, § 916 Anm. 1 A; Stein/Jonas/*Grunsky*, vor § 916 Rz. 44.
[94] Stein/Jonas/*Grunsky*, vor § 935 Rz. 31.
[95] Stein/Jonas/*Grunsky*, vor § 916 Rz. 44, erkennt deshalb dem Gläubiger ein Wahlrecht zwischen beiden Tenorierungen zu.
[96] Schilken, S. 141.
[97] Baur, BB 1964, 607 (610) ohne Bezug auf Großbritannien.

Der Erlaß einer Anordnung, den aus der beanstandeten Handlung gezogenen Erlös auf ein Sonderkonto einzuzahlen (to keep an account)[98] oder direkt bei Gericht zu hinterlegen (payment into court)[99], wird in Großbritannien stets dann erwogen, wenn die Verbotsverfügungen eine unzumutbare Härte für den Antragsgegner bedeuten würde[100].

In allen Fällen, in denen wenigstens die Sicherung eines Schadensersatzanspruches als ausreichend erscheint, könnte solche Tenorierung die endgültige Vorgreiflichkeit einer Unterlassungsverfügung verhindern. Die Aufweichung der systematischen Abgrenzung zum Arrest könnte aus den angeführten Gründen hingenommen werden[101].

Soweit ein Ausweichen auf solche Umgestaltungen des Tenors jedoch nicht in Betracht kommt, ist an der grundsätzlichen Ausklammerung aller im angeführten Sinne Befriedigungs- bzw. Leistungsverfügungen aus dem einstweiligen Rechtsschutz i. S. des Art. 24 GVÜ festzuhalten.

Eine abschließende Betrachtung der praktischen Auswirkungen dieses weitreichenden Ausschlusses, sowie die Untersuchung, inwieweit dadurch unzumutbare Rechtsschutzlücken entstehen, bleibt dem Schlußkapitel vorbehalten[102].

D. Einstweiliger Rechtsschutz im Prozeßrecht des Vereinigten Königreichs

I. Überblick

Im Vereinigten Königreich (UK) gibt es mehrere Wege, um einen gegenüber dem Hauptverfahren rascheren Rechtsschutz zu erlangen.

Zum einen besteht die Möglichkeit der Erwirkung einer sogenannten „interlocutory injunction", ähnlich unserer deutschen einstweiligen Verfügung mit der Sonderform der „Mareva injunction", die in etwa dem deutschen Arrest entspricht[1], daneben als Sicherungsinstrument für Be-

---

[98] Clifford Davis v. WEA Records (1975) 1 All ER 237 CA 241; Halsbury's Laws of England, Vol. 24 paras. 906 und 965 m. w. N. aus der Rspr.

[99] Jones v. Pacaya Rubber (1911) 1 K.B. 455 CA 459.

[100] Halsbury's Laws of England, a.a.O.; Kanzler, S. 143.

[101] Sonstige Vorschläge zur Vermeidung von Befriedigungsverfügungen bei Baur, Studien zum einstweiligen Rechtsschutz, S. 58 f.; auf die Kritik angesichts der geringen praktischen Verwertbarkeit verweist Ahrens, S. 253 f.

[102] s. u. 3. Kap. H.

[1] Kanzler, Diss. 1979; Halsbury's Laws of England Vol. 37 paras 326 ff.; Gray, CLJ 1981, 307; zur „Mareva injunction": Bernstorff, RIW/AWD 1983, 160 ff.; Carl, IPRAX 1983, 141 ff.; Powles, J.B.L. 1981, 415; Halsbury's Laws of England, Vol. 37, para. 362.

D. Einstweiliger Rechtsschutz im Vereinigten Königreich

weismittel die sogenannte „Anton-Piller-Order"[2]. Weiterhin gibt es das „summary judgment" nach Order 14 R.S.C.[3], sowie das Rechtsinstitut des „interim payment" nach Order 29, r. 10 R.S.C.[4].

Großbritannien hat gemeinsam mit den anderen Vertragsstaaten das GVÜ und das Auslegungsprotokoll von 1971 1978 in Luxemburg unterzeichnet. Als nationales Recht wurden die Bestimmungen des Übereinkommens durch den „Civil Jurisdiction and Judgments Act 1982" eingeführt.

Der „Civil Jurisdiction Act 1982" beschränkt sich nicht darauf, die Bestimmungen des Übereinkommens zu übernehmen, sondern regelt darüber hinausgehend u. a. die Freizügigkeit von gerichtlichen Entscheidungen innerhalb der verschiedenen Jurisdiktionsbereiche Großbritanniens sowie auch die Anerkennung und Vollstreckung von Titeln aus Nichtvertragsstaaten[5]. Sections 24—28 betreffen die hier interessierenden Regelungen der eintweiligen Maßnahmen nach Art. 24 GVÜ.

Die Unterscheidung zwischen einstweiligen (interlocutory or interim) und endgültigen (final) gerichtlichen Entscheidungen findet sich auch im nationalen Prozeßrecht Großbritanniens. Sie ist erheblich für die Frage der Zulässigkeit von Rechtsmitteln (Supreme Court Act 1981, S. 18 [1] h). Wie diese Unterscheidung durchgeführt werden soll, ist höchst unklar[6].

Im wesentlichen werden zwei Tests angeführt. Der eine untersucht aus der Sicht des Erstrichters, der andere aus der des mit dem Rechtsmittel befaßten Zweitrichters, ob die fragliche gerichtliche Entscheidung den zugrunde liegenden Rechtsstreit endgültig erledigt, also über den zugrunde liegenden materiell-rechtlichen Anspruch entschieden wird. Soweit aufgrund der Antragstellung jede denkbare gerichtliche Entscheidung diesen Effekt hat, soll nach der ersten Lehre die Entscheidung als endgültig anzusehen sein. Die zweite untersucht allein die tatsächlich erfolgte Entscheidung[7].

---

[2] Carl, a.a.O., Casson/Dennis, Modern Development, S. 48; Halsbury's Laws of England, para. 372.
[3] Mann, IPRAX 1983, 44; Casson/Dennis, Odgers Principles, S. 71—83; Halsbury's Laws of England, para. 410.
[4] Casson/Dennis, Modern Development, S. 37 ff.; Halsbury's, a.a.O., para. 364 ff.; Jacob, The Reform of Civil Procedure, S. 276 ff.
[5] Stone, Int. Law Quarterly 1983, 477 (478).
[6] Lord Denning in Salter Rex & Co. v. Ghosh (1971) 2 QB 597, (1971) 2 All ER 865, CA: „This question of ‚final' or ‚interlocutory' is so uncertain, that the only thing for practitioniers to do is to look up the practice books and see what has been decided on the point."
[7] Halsbury's Laws of England, Vol. 37, para. 527 m. w. N.; Cassons/Dennis, Odgers Principles, S. 337 Fn. 21.

Da Zweck und Aufgabenstellung dieser Tests jedoch ein gänzlich anderer ist, als die Einordnung von gerichtlichen Entscheidungen als „einstweilige Maßnahmen" im Sinne des Art. 24 GVÜ, sind diese hierauf nicht übertragbar.

Eine dem hier angesprochenen Jurisdiktionsbereich näherliegende Unterscheidung zwischen endgültigen (final) und einstweiligen Entscheidungen wird im englischen internationalen Zivilprozeßrecht allgemein bisher bei der Anerkennung und Vollstreckung ausländischer Zivilurteile getroffen. Im Verhältnis zu Deutschland ist dies bis zum Inkrafttreten des GVÜ staatsvertraglich im Abkommen zwischen Großbritannien und Deutschland vom 14. 7. 1960 geregelt[8].

Nach dessen Art. 1 Abs. 3 sind nur solche gerichtlichen Entscheidungen anzuerkennen und zu vollstrecken, die endgültig über die Ansprüche der Parteien erkennen. Als nicht darunterfallend werden ausdrücklich Arrestbefehle sowie sonstige, nur der vorläufigen Sicherung dienende Entscheidungen, sowie Zwischenentscheidungen genannt (Art. 1 Abs. 3 2. Halbsatz).

Das Abkommen wurde auf den bereits bestehenden „Foreign Judgments (Reciprocal Enforcements) Act 1933" abgestimmt, der insoweit die innerstaatliche Anwendung des Abkommens in Großbritannien bestimmt[9]. Dieser enthält in Part. I sec. 1 Nr. 2 a die gleichlautende Voraussetzung, daß die anzuerkennende bzw. zu vollstreckende Entscheidung endgültig und bindend zwischen den Parteien sein muß.

Der „Foreign Judgments (Reciprocal Enforcements) Act 1933" wurde durch Order in Council (Königliche Verordnung) vom 26. 6. 1961 für deutsche Urteile anwendbar erklärt[10]. Er ist nach Abschluß eines entsprechenden Staatsvertrages gleichermaßen für anwendbar erklärt worden gegenüber den wichtigsten europäischen Staaten, sowie einer Reihe von Commonwealth Staaten[11].

Neben der Anerkennung auf gesetzlicher Grundlage werden ausländische Zivilurteile auch nach common law anerkannt und vollstreckt.

Englische Gerichte haben eine lange Tradition in der Anerkennung und Vollstreckung ausländischer Zivilurteile, die bis ins 17. Jahrhundert zurückreicht[12]. Der „Foreign Judgments (Reciprocal Enforcements) Act 1933" hat, neben eigenen Regeln, die im common law entwickelten weitestgehend übernommen und in gesetzliche Form gegossen[13]. Die

---
[8] Geimer/*Schütze*, Bd. II, S. 353 ff.
[9] Geimer/*Schütze*, a.a.O., S. 326.
[10] Abgedruckt bei Bülow/Böckstiegel, 704/3 B II c.
[11] Siehe im einzelnen die Übersicht bei Dicey/Morris, S. 1107 f.
[12] Morris, S. 404 bei Fn. 5.
[13] Morris, S. 407 Fn. 31.

Anerkennung nach common law hat heute noch Bedeutung für Entscheidungen, die nicht dem „Foreign Judgments (Reciprocal Enforcements) Act 1933" unterfallen[14], sowie bezüglich Entscheidungen aus Staaten, auf die dieses Gesetz keine Anwendung findet, regelmäßig, weil mit diesen Staaten kein entsprechender Staatsvertrag besteht.

Soweit eine Entscheidung dem „Foreign Judgments (Reciprocal Enforcements) Act 1933" unterfällt, kann sie ausschließlich nach dessen Regeln anerkannt und vollstreckt werden. Eine Anerkennung und Vollstreckung nach common law ist dann ausgeschlossen (Part. I sec. 6).

Aufgrund der aufgezeigten Entwicklung des „Foreign Judgments (Reciprocal Enforcements) Act 1933" aus den Regeln des common law, kann die Rechtsprechung des common law zu den verschiedenen Voraussetzungen übernommen werden[15].

Eine der drei Hauptvoraussetzungen des common law für die Anerkennung und Vollstreckung einer ausländischen Gerichtsentscheidung ist ebenso wie nach dem „Foreign Judgments (Reciprocal Enforcements) Act 1933" die Endgültigkeit und Bindungswirkung zwischen den Parteien. Dies Erfordernis geht zurück auf die Entscheidung Nouvion v. Freeman[16]. Dort wurde die Anerkennung und Vollstreckung eines spanischen Urteils, das in einem summarischen Verfahren ergangen war, abgelehnt. Begründet wurde dies damit, daß nur solche ausländischen Zivilurteile in Großbritannien Wirkung äußern können, die im Heimatstaat den dem Streit zugrunde liegenden Anspruch endgültig zwischen den Parteien verbindlich regeln.

Endgültigkeit und Verbindlichkeit wird dabei ausdrücklich nicht auf einen etwaigen Abschluß des gerade gewählten Verfahrens bezogen. Abgestellt wird dagegen auf die Entscheidung über den materiellrechtlichen Anspruch selbst[17]. Dem folgend wird als entscheidend angesehen, inwieweit das Gericht, das die Entscheidung erlassen hat, diese selbst wieder abändern darf bzw. andere Gerichte an diese Entscheidung gebunden sind. Davon wird ausdrücklich die Abänderung durch Rechtsmittelgerichte ausgenommen[18].

Selbst die noch bestehende Möglichkeit der Einlegung eines Rechtsmittels oder sogar ein schwebendes Rechtsmittelverfahren hindert nicht

---

[14] z. B. deutsche Amtsgerichtsurteile.
[15] Andererseits ist der Rückschluß von gesetzlichen Regelungen auf common law unzulässig (Henry v. Geoprosco International Ltd. 1976 Q.B. 726, 751 C.A.).
[16] (1889) 15 App Cas 1, 59 LJ Ch 337 H.L.
[17] a.a.O., S. 9.
[18] Scott v. Pilkington (1862) 2 B & S 11; Colt Industries Inc. v. Sarlie (No 2) (1966) 1 WLR 1287; Für Vollstreckung nach „Foreign Judgments (Reciprocal Enforcements) Act 1933" siehe Part I sec. 1 (3).

die Anerkennung und Vollstreckung einer gerichtlichen Entscheidung als endgültige[19]. Das Gericht wird dann im Rahmen der Vollstreckung die Anordnungen treffen, die es für notwendig erachtet, um die berechtigten Interessen des Beklagten zu schützen, der noch zur Rechtsmitteleinlegung berechtigt ist[20].

Bei der Vollstreckung und Anerkennung nach dem „Foreign Judgments (Reciprocal Enforcements) Act 1933" dagegen liegt es nach entsprechendem Antrag im Ermessen des mit der Anerkennung (registration) befaßten Gerichtes, seine Entscheidung zu vertagen bzw. eine bereits erfolgte Registrierung aufzuheben (Part. I sec. 5 [1])[21].

Der Einordnung von Entscheidungen als endgültig und bindend, obwohl nach deutschem Prozeßrechtsverständnis noch keine formelle Rechtskraft eingetreten ist, liegt die englische Prozeßrechtsdogmatik zur Rechtskraft zugrunde. Danach tritt „res iudicata"[22] in Form von „estoppel by record" auch durch gerichtliche Entscheidungen ein, gegen die noch Rechtsmittel eingelegt werden können[23] oder sogar ein Rechtsmittelverfahren anhängig ist[24].

Auch die Vollstreckung eines Urteils ist unmittelbar zulässig. Eine vorläufige Vollstreckung wie im deutschen Prozeßrecht ist unbekannt.

Die Einlegung des Rechtsmittels allein kann die Zwangsvollstreckung nicht verhindern. Es steht im Ermessen des Court of Appeal oder des erstinstanzlichen Gerichts, die Einstellung bzw. Unterbrechung der Zwangsvollstreckung anzuordnen (Order 59, r. 13 [1] R.S.C.)[25].

Entscheidungen, die vom Gericht, das sie erlassen hat, nur innerhalb einer bestimmten Frist abgeändert werden können, wie z. B. Versäumnisurteile oder summary judgments nach Order 14 R.S.C.[26], werden ebenfalls als endgültige Entscheidungen angesehen[27]. Dementsprechend wird die Vollstreckung und Anerkennung von Versäumnisurteilen im

---

[19] Dicey/Morris, S. 1095 bei Fn. 45 m. w. N.
[20] Nouvion v. Freeman, a.a.O., S. 13.
[21] s. A. Consortium General Textiles v. Sun & Sand Agencies Ltd. (1978) QB 279 C.A.
[22] Zum englischen Rechtskraftverständnis oben 3. Kap. B V. 1.
[23] Doe v. Wrigth (1839) 10 Ad & EL 763; Halsbury's Laws of England, Vol. 16, para. 1518 m. w. N.
[24] Harris v. Willis (1855) 15, CB 710.
[25] Cassons/Dennis, Odgers Principles, S. 368.
[26] Gegen das vom master erlassene summary judgment ist innerhalb von 5 Tagen appeal zum judge zulässig, d. h. das Urteil wird dann in gleicher Instanz überprüft (Order 58, r. 1 R.S.C.); siehe auch Supreme Court Practice, S. 148 Anm. 14/3—4/37.
[27] Zum Versäumnisurteil: Dicey/Morris, S. 1094, mit Hinweis auf Vanquelin v. Bourd (1863) 15 C.B. (N.S.), 342, 367—368. Zum summary judgment: BGH NJW 1970, 1004 f., ohne auf die hier angesprochene Problematik einzugehen.

D. Einstweiliger Rechtsschutz im Vereinigten Königreich

deutsch-britischen Abkommen in Art. III Abs. 1 b) als selbstverständlich vorausgesetzt. Ein deutsches Versäumnisurteil ist zwar nach Einspruch vom gleichen Gericht abänderbar. Dennoch ist es rechtskraftfähig, d. h. in der Lage res iudicata zu entfalten.

Daneben ist es aus englischer Prozeßrechtsperspektive maßgeblich, inwieweit die Instanz durch die fragliche Entscheidung des Gerichts endgültig abgeschlossen ist[28]. Ein mit Devolutiveffekt ausgestatteter, im ausländischen Prozeßrecht vorgesehener Rechtsbehelf ist danach für die Endgültigkeit der Entscheidung unschädlich.

Die Möglichkeit mit einer neuen Klage in gleicher Instanz die Entscheidung abzuändern, steht dagegen der Einordnung derselben als endgültiger entgegen. Unterhaltsurteile des deutschen Rechts, die für die Zukunft nach § 323 ZPO durch Abänderungsklage geändert werden können, sind deshalb insoweit von der Anerkennung und Vollstreckung in Großbritannien ausgeschlossen[29]. Gleiches gilt für Vorbehaltsurteile, die im Nachverfahren in der gleichen Instanz aufgehoben werden können[30], sowie für sonstige Gerichtsentscheidungen, die in Verfahren ergehen, die nur begrenzte Verteidigungsmittel zulassen und diese einem besonderen Verfahren vorbehalten[31]. Grob zusammenfassend läßt sich deshalb feststellen, daß nach britischer Rechtsauffassung endgültige Entscheidungen solche Entscheidungen sind, die nach deutscher Terminologie als materiell rechtskraftfähig bezüglich des zugrunde liegenden Anspruchs bezeichnet würden.

Bei der Anwendung von Art. 24 GVÜ bzw. sec. 25 ff. Civ. Jur. and Jud. Act (1982) ist damit zu rechnen, daß für die Auslegung des Begriffes „interim relief" auf die zu endgültigen (final) Entscheidungen im bisherigen Anerkennungs- und Vollstreckungsrecht entwickelten Grundsätze zurückgegriffen wird. Bis auf das zusätzliche, hier herausgearbeitete Erfordernis der Dringlichkeit der Entscheidung[32], sind beide, jeweils als Gegenpaar, deckungsgleich und lassen daher keine aus deutscher Sicht überraschende Ergebnisse befürchten. Problematisch könnte allein die Einordnung der „interim payment" order sein, da diese mangels Abschluß der Instanz sicher nicht unter die endgültigen Entscheidungen im Sinne des bisherigen britischen Anerkennungs- und Vollstreckungsrechts fiele[33].

---

[28] Geimer/*Schütze*, Bd. II, S. 363.
[29] Bülow/Böckstiegel, 701/6 B II a Vorb. III 2 a; Morris, S. 424 m. H. auf Harrop v. Harrop (1920) 3 K.B. 386.
[30] Geimer/*Schütze*, a.a.O.
[31] Blohm v. Desser (1962) 2 QB 116; Chesire and North, S. 652; Geimer/Schütze, a.a.O., weist auf deutsche Wechselvorbehaltsurteile hin.
[32] s. o. 3. Kap. B V. 2.
[33] Zur „interim payment order" siehe unten 3. Kap. D III.

II. Summary Judgment

Im Wege des „summary judgment" kann die Klage bereits im pretrial Stadium[34] zum Erfolg, d. h. Erlaß eines Urteils führen, wenn die Verteidigung des Beklagten keine Aussicht auf Erfolg hat. Der mit dem Verfahren in diesem Stadium befaßte „master" führt eine summarische Vorprüfung durch, ob sich über das Verteidigungsvorbringen des Beklagten überhaupt streiten läßt oder dieser gewissermaßen allein auf Zeit spielt[35]. Nur im ersteren Fall soll die zeitaufwendige Hauptverhandlung (trial) durchgeführt werden.

Beweismittel sind in erster Linie eidesstattliche Versicherungen (affidavits). Die Entscheidungsalternativen des mit dem Antrag auf „summary judgement" befaßten „masters" sind einerseits „unconditional or conditional leave to defend" oder andererseits der Erlaß eines dem klägerischen Antrag entsprechenden Urteils.

Da letzteres Urteil als Endurteil Rechtskraft (res iudicata) entwickelt, handelt es sich hierbei um keine einstweilige Maßnahme[36].

Rechtsmittel gegen die Entscheidung des master ist innerhalb einer Frist von 5 Tagen zum Richter (judge) gegeben, der dann in nicht öffentlicher Verhandlung entscheidet[37].

III. Interim Payment

Eine einstweilige Zahlungsanordnung kann im Wege des „interim payment" erreicht werden (Supreme Court Act 1981, s. 32; RSC Order 29. r. 10). Eine derartige Zahlungsanordnung kann nach Rechtshängigkeit der Hauptsache (service of the writ)[38] im „pre-trial" Stadium des Verfahrens jederzeit beantragt werden[39]. Gegenstand des Rechtsstreites muß eine Geldzahlungsforderung sein. Ursprünglich war dieses Rechtsinstitut 1970 speziell für Klagen wegen Körperverletzungen eingeführt worden. Seit 1980 ist es jedoch generalisiert und wird seitdem auf alle Zahlungsklagen angewandt. Lediglich Kostenforderungen sind ausgeschlossen[40]. Die Kostenentscheidung ist dem Hauptverfahren vorbehalten[41].

---

[34] Bunge, S. 80 ff.
[35] Mann, a.a.O., S. 44.
[36] Halsbury's Laws of England, para. 419; Böttger, S. 18 f.; BGH NJW 1970, 1004 f.; Mann, IPRAX 1984, 44, Anm. zu Schweizerisches Bundesgericht, IPRAX 1984, 33 f.
[37] Superior Court Practice, S. 148 Anm. 14/3—4/37 unter Hinweis auf Order 58, r. 1 R.S.C.
[38] Bunge, § 40, S. 80 ff.
[39] Halsbury's Laws of England, para. 365.
[40] Cassons/Dennis, Modern Development, S. 38.

D. Einstweiliger Rechtsschutz im Vereinigten Königreich

Voraussetzung für den Erlaß einer solchen Anordnung in Schadensersatzfällen wegen Körperverletzung ist, daß die Schadensersatzverpflichtung dem Grunde nach entweder durch Zugeständnisse des Schuldners (RSC Order 29, r. 11 [1] a) oder durch Gerichtsurteil (RSC Order 29, r. 11 [1] b) feststeht, oder aber das Gericht von einem Obsiegen des Klägers in der Hauptverhandlung (trial) überzeugt ist (RSC Order 29, r. 11 [1] c).

In anderen Fällen, die keinen Schadensersatzanspruch zum Inhalt haben, muß das Gericht ebenfalls die Überzeugung gewinnen, daß in der späteren Hauptverhandlung ein Urteil entsprechend dem klägerischen Antrag ergehen wird (RSC Order 29, r. 12 a—c).

Für die Körperverletzungsfälle ist zu beachten, daß eine „interim payment" order nur erlassen werden kann, wenn der Beklagte entweder gegen derartige Schadensersatzforderungen versichert ist, es sich bei ihm um eine öffentliche Körperschaft handelt, oder er zumindest so vermögend ist, daß ihm eine einstweilige Zahlung möglich ist (RSC Order 29, r. 11 [2] a—c). Die Zahlungsanordnung soll einen angemessenen Prozentsatz der voraussichtlich zuzusprechenden Klageforderung nicht übersteigen[42].

Die Existenz eines „interim payment" darf dem Richter in der Hauptverhandlung erst nach seiner Entscheidung bekanntgegeben werden, woraufhin dieser sein Urteil an die bereits erfolgte Zahlung anpassen wird (RSC Order 29, r. 15). Sollte ausnahmsweise die einstweilige Zahlung die Höhe des Endurteils übersteigen, wird der Richter den Kläger zur Rückzahlung des überschießenden Teils verpflichten[43].

Die enge auch verfahrensmäßige Verflechtung dieses Rechtsinstituts mit dem Hauptverfahren wird durch RSC Order 21, r. 2 (2 A) deutlich, wonach eine Beendigung des Verfahrens im pre-trial Stadium nach Erlaß einer „interim payment order" durch Prozeßhandlung des Klägers, sei es durch Klagerücknahme oder sonstwie, nur mit Zustimmung aller Parteien oder Erlaubnis des Gerichts möglich ist.

Fraglich ist, ob eine „interim payment order" als einstweilige Maßnahme nach Art. 24 GVÜ einzuordnen ist. Eine Beantwortung dieser Frage erübrigt sich, wenn ein Erlaß einer solchen gerichtlichen Entscheidung ohne Hauptverfahren vor einem in der Hauptsache auch wirklich zuständigen englischen Gericht nicht möglich ist.

---

[41] Supreme Court Practice, S. 478 und 895 Anm. 62/4/4. Der Begriff „costs" ist in Ord. 62, r. 1 R.S.C. definiert.
[42] Cassons/Dennis, a.a.O.
[43] Cassons/Dennis, a.a.O.

3. Kap.: „Einstweilige Maßnahmen" nach Art. 24 GVÜ

Voraussetzung einer „interim payment order" ist die Rechtshängigkeit der Hauptsache[44], was bei fehlender Hauptsachezuständigkeit nach Art. 2 ff. GVÜ ausgeschlossen ist. Art. 24 GVÜ hat jedoch lediglich Bedeutung für den Erlaß einstweiliger Maßnahmen bei fehlender Hauptsachezuständigkeit. Das GVÜ allein geht der Regel des nationalen Rechts nach englischem Rechtsverständnis nicht vor[45].

Nach sec. 25 Civil Jurisdiction and Judgments Act 1982 kann jedoch der High Court auch dann einstweiligen Rechtsschutz (interim relief) gewähren, wenn das Hauptverfahren in einem anderen Vertragsstaat durchzuführen ist. Erfaßt von dieser Regelung ist nach sec. 25 (7) jedwede Art von einstweiligem Rechtsschutz außer Beschlagnahmeanordnungen der Zwangsvollstreckung sowie Verfügungen zur Erlangung und Sicherung von Beweismitteln.

Zweck dieser Regelungen war es, entgegen den in der Siskina-Entscheidung[46] aufgestellten Grundsätzen Mareva injunctions auch dann zu ermöglichen, wenn das Hauptverfahren in einem anderen Vertragsstaat durchgeführt werden muß. Dadurch kann dann die anschließende Inlandsvollstreckung dieses im Ausland erwirkten Titels gesichert werden[47]. Dennoch spricht nichts dagegen, auch „interim payment orders" als „interim relief" im Sinne dieser Vorschrift anzusehen.

Neben der Voraussetzung der Rechtshängigkeit eines Hauptverfahrens ist nach englischem Prozeßrecht beim „interim payment order" auch der Abschluß des Verfahrens durch Hauptverhandlung vor einem englischen Gericht notwendig. Wegen der bei Anwendung des Art. 24 GVÜ bzw. sec. 26 ff. Civ. Jur. and Judg. Act (1982) fehlenden Hauptsachezuständigkeit, wäre dies jedoch regelmäßig nicht möglich. Ein vorzeitiger Abschluß des Verfahrens wäre nur mit Zustimmung des Beklagten oder des Gerichts möglich (RSC Order 21, r. 2 (2A). Die Billigung des Gerichts wäre u. a. von der Rückzahlung des aufgrund der „interim payment order" geleisteten abhängig. Eine Verfahrensfortführung vor einem ausländischen Gericht unter dortiger Berücksichtigung der bereits erfolgten Zahlung läßt die englische Rechtsordnung nicht zu[48].

---

[44] Halsbury's, a.a.O., para. 365; RSC Ord. 29, r. 10 (i).

[45] Erklärung der Regierung Großbritanniens in EuGHE 1980, 1560 bezüglich der parallelen Problematik bei der Mareva injunction aufgrund der Entscheidung The Siskina (1977) 3 All ER 803. Danach kann eine Mareva injunction nur dann durch ein englisches Gericht erlassen werden, wenn ein Hauptverfahren bereits anhängig ist oder anhängig sein wird und für dieses die internationale Zuständigkeit der englischen Gerichte besteht.

[46] a.a.O.

[47] Hartley, S. 125 f.; Stone, Int. Comp. law Quarterly 1983, 477 (488).

[48] Castanho v. Brown & Root (UK) Ltd. 1981 I All ER 143, HL S. 144 und 152.

D. Einstweiliger Rechtsschutz im Vereinigten Königreich 77

Dieses Problem ist von demjenigen im Zusammenhang mit dem Erfordernis der Rechtshängigkeit der Hauptsache verschieden. Der Erlaß einer „interim payment order" wäre zwar denkbar, der fehlende Verfahrensabschluß mit den damit verbundenen angeführten Konsequenzen ist jedoch ein ungelöstes Problem.

Inwieweit sec. 24 ff. Civil Jur. and Judgment Act 1982 den in der genannten im Jahre 1981 ergangenen Entscheidung aufgestellten Grundsätzen vorgeht, ist nicht absehbar und bleibt der zukünftigen Rechtsentwicklung vorbehalten. Da in dieser Entscheidung weder auf die direkt vom Civ. Jur. and Judg. Act 1982 angesprochenen Jurisdiktionsprobleme eingegangen, noch auf etwa parallele Problematik angesichts der 1977 ergangenen Siskina-Entscheidung Bezug genommen wird, geht die englische Rechtsdogmatik offensichtlich von der Verschiedenheit der Problemkreise aus.

Aufgrund dieser engen Verflechtung der „interim payment order" mit einem Hauptverfahren ist bisher nirgendwo erwogen worden, etwa zur Unterstützung eines Schiedsverfahrens eine derartige order in Erwägung zu ziehen[49]. Sollte es aber geschehen, so würde einer Einordnung der „interim payment order" als „einstweilige Maßnahme" im Sinne des Art. 24 GVÜ die fehlende Prüfung der Dringlichkeit entgegenstehen[50]. Es gilt das Gleiche wie bezüglich der französischen „provision"[51].

IV. Interlocutory Injunction

Einstweiligen Rechtsschutz durch einstweilige Verfügungen sieht das englische Verfahrensrecht in Form von interlocutory injunctions vor (Supreme Court Act 1981 sec. 37). Zuständig für den Erlaß einer interlocutory injunction ist der High Court. Der Antrag kann in dringlichen Fällen auch vor Rechtshängigkeit der Hauptsache gestellt (RSC Ord. 29, r. 1 [3]) und ohne Anhörung des Gegners „ex parte" entschieden werden (RSC Order 29, r. 1 [2])[52].

Ihrem Inhalte nach werden Verbots-(prohibitory injunction) und Leistungsverfügungen (mandatory injunction) unterschieden. Letztgenannte wird als Ausnahmefall angesehen[53] und bereitet in der Praxis aufgrund

---

[49] Zusammenstellung der ein Schiedsverfahren unterstützenden einstweiligen Rechtsschutzmaßnahmen bei Shenton, Int. Bus. Lawyer 1984, 101 ff.
[50] s. o. 3. Kap. B V. 2.
[51] s. u. 3. Kap. E III.
[52] Kanzler, § 8, S. 75 ff.
[53] Kanzler, S. 62, m. H. auf Esso Petroleum v. Kingswod Motors (1973) All ER 1057 QBD 1069 f.; Verheul, Essays on the law of int. trade, S. 72.

der in der Entscheidung American Cyanamid Co v. Ethicon Ltd.[54] aufgestellten Regeln Schwierigkeiten.

Während der Erlaß einer injunction im wesentlichen in das Ermessen des zur Entscheidung berufenen Gerichts gestellt ist, unterliegt er doch gewissen feststehenden Rechtsgrundsätzen, die durch die Rechtssprechung entwickelt wurden[55].

In der genannten Entscheidung wurde der bis dahin angewandte „prima facie case test" als unzulässige Rechtsregel zurückgewiesen. Die bis dato zentrale Prüfung des dem klägerischen Antrag zugrunde liegenden Rechts wurde durch eine Interessenabwägung (balance of convenience) zwischen dem klägerischen am Erlaß und dem des Beklagten am Unterbleiben der Verfügung ersetzt[56].

Zweck der Ausschaltung einer Prüfung der zugrunde liegenden materiellen Rechtslage ist das Bestreben, einer Vorgreiflichkeit des Verfügungsverfahrens entgegenzuwirken. Dieser Vorgriff des Verfügungsverfahrens, das schließlich nur aufgrund unzureichender Beweismittel und unter Zeitdruck entschieden wird, wird am besten verhindert, wenn eine Prüfung der Begründetheit des zugrunde liegenden angeblichen klägerischen materiell-rechtlichen Anspruchs gänzlich unterbleibt oder allenfalls kursorisch angeprüft und letztendlich aufgrund einer Interessenabwägung entschieden wird[57].

Leistungsverfügungen wegen Geldzahlungsforderungen sind dem englischen Recht bis auf einige gesetzlich vorgesehene, speziell geregelte Tatbestände aus dem Familienrecht unbekannt[58]. Leistungsverfügungen in Form von Unterlassungsverfügungen sind dagegen alltäglich.

Soweit sie einen Unterlassungsanspruch als materiellen Leistungsanspruch durchsetzen, sind sie mit den vorgenannten Prinzipien, Entscheidung allein aufgrund Interessenabwägung, schwer in Einklang zu bringen[59]. In solchen Fällen, die im Verfügungsverfahren das Recht entweder tatsächlich endgültig durchsetzen oder endgültig verweigern, kann eine Entscheidung ohne Prüfung der materiellen Rechtslage nicht ergehen[60]. Alles andere würde die dienende Funktion des Prozeßrechts verkennen.

---

[54] (1975) I All ER 504.
[55] Halsbury's, a.a.O., para. 361.
[56] Gray, S. 308.
[57] Gray, S. 313; im gleichen Sinne für das deutsche Prozeßrecht Leipold, Grundlagen des einst. Rechtsschutzes, § 7 I 5., S. 94 f.
[58] Kanzler, S. 202; Verheul, a.a.O., S. 72.
[59] Gray, S. 314.
[60] Fellowes v. Fisher 1975 2 All ER, S. 838 — per Lord Denning.

D. Einstweiliger Rechtsschutz im Vereinigten Königreich

Anträge auf Leistungsverfügungen werden deshalb mittlerweile ungeachtet der „Cyanamid-principles" in erster Linie aufgrund einer Prüfung der Erfolgsaussichten im Hauptverfahren entschieden[61]. Nicht zuletzt deshalb erscheint die Prüfung der materiellen Rechtslage unverzichtbar, weil die Entscheidung meistens nicht einstweilig, sondern de facto endgültig ist. In 99 % aller derartigen Verfügungsfälle wird kein Hauptverfahren durchgeführt[62].

Verfügungsentscheidungen des englischen Rechts (interlocutory injunctions) sind grundsätzlich als einstweilige Maßnahmen im Sinne des Art. 24 GVÜ anzusehen, da sie verfahrensrechtlich einstweilig sind.

Sie entscheiden nicht rechtskräftig über den zugrunde liegenden materiell rechtlichen Anspruch und können in gleicher Instanz in einem nachfolgenden Hauptverfahren korrigiert werden[63].

Soweit sie den zugrunde liegenden Hauptanspruch de facto endgültig verwirklichen, sei es wegen Zeitablaufs oder weil die tatsächliche Korrigierbarkeit in Frage gestellt ist, liegt keine einstweilige Maßnahme im Sinne des Art. 24 GVÜ vor. Die tatsächliche Korrigierbarkeit ist bei Leistungsverfügungen, die ohne vorherige Sicherheitsleistung des Gläubigers ergehen bzw. vollstreckt werden können, stets in Frage gestellt. Die im englischen Recht vor Erlaß einer interlocutory injunction übliche Erklärung „undertaking as to damages" stellt keine Sicherheitsleistung dar, sondern ist ein bedingtes Schuldanerkenntnis, das gegebenenfalls Vollstreckungstitel für Schadensersatzforderungen des Schuldners nach Aufhebung der injunction ist[64].

Der Erlaß einer interlocutory injunction trotz drohender nicht wiedergutmachbarer Schäden wegen mangelnder Solvenz des Gläubigers ist durchaus möglich[65]. Maßnahmen derartigen Inhalts können in ausschließlich nationalen Gerichtsständen, insbesondere den exorbitanten des Art. 3 Abs. 2 GVÜ nicht erlassen werden.

V. Mareva-Injunction und Anton Piller Order

Entgegen dem früher in Großbritannien gültigen Prinzip, daß der Schuldner/Beklagte eines Geldzahlungsanspruches bis zum Erlaß eines Urteils im Hauptverfahren frei und ungehindert über seine Vermögens-

---
[61] De Falco v. Crawley B.C. 1980 1 All ER 912; Gray, S. 319 f.
[62] Lord Denning, a.a.O., S. 836.
[63] Erlaß unter dem Vorbehalt „Until after judgment or further order"; Kanzler, S. 74; Verheul, a.a.O., S. 73.
[64] Kanzler, S. 91.
[65] Cassons/Dennis, Mod. Dev., S. 40 Fn. 40; Alfred Dunhill v. Sunoptic (1979) FSR 337, Laws v. Florinplace (1981) 1 All ER 659.

stände verfügen kann[66], stellt die englische Rechtsordnung seit 1975 einen dem deutschen Arrest ähnlichen Rechtsbehelf zur Verfügung. Benannt nach dem zweiten Fall[67], in dem eine derartige Entscheidung erlassen wurde, können beim High Court sogenannte „Mareva-injunctions"[68] beantragt werden. Diese von den Gerichten in Gang gesetzte Rechtsentwicklung ist von der Gesetzgebung im Supreme Court Act 1981, sec. 37 (1) übernommen worden.

Im regelmäßig ohne Anhörung des Gegners (ex parte proceedings)[69] durchgeführten Verfahren muß der Antragsteller seinen zu sichernden Anspruch, sowie die Gefahr der Vollstreckungsvereitelung bis zum Abschluß eines Hauptverfahrens darlegen[70]. Die Voraussetzungen zum Erlaß einer Mareva-injunctions müssen durch eidesstattliche Versicherung glaubhaft gemacht werden[71].

Die darüber hinaus in der Siskina-Entscheidung[72] aufgestellte Regel, daß zum Erlaß einer derartigen Entscheidung erforderlich sei, daß das Hauptverfahren bereits anhängig sei oder zumindest unverzüglich anhängig gemacht werde und für dieses Hauptverfahren die internationale Zuständigkeit der englischen Gerichte gegeben sein müsse, ist durch den Civil Jurisdiction and Judgment Act 1982 sec. 25 für GVÜ-Vertragsstaaten bezüglich der nach Art. 1 erfaßten Materie überholt. Danach kann der High Court die dort angesprochenen einstweiligen Maßnahmen unabhängig von der Hauptsachezuständigkeit der englischen Gerichte erlassen, soweit das Hauptverfahren in einem Vertragsstaat des GVÜ durchgeführt werden kann.

In sec. 25 (3) a) ist darüber hinaus vorgesehen, daß durch „Order in Council" diese Möglichkeit auch auf die Fälle ausgedehnt wird, die in Nichtvertragsstaaten verhandelt werden müssen[73].

Nach wie vor von der Zuständigkeit der englischen Gerichte für das Hauptverfahren abhängig sind solche einstweilige Maßnahmen, die dazu dienen, Beweismittel zu beschaffen.

---

[66] Lister v. Stubbs (1890) 45 Ch 6; Cassons/Dennis, Modern Development, S. 42.

[67] Zuerst Nippon Yusen Kaisha v. Karageorgis (1975) 3 AER 282.

[68] Mareva Compania Naviera S.A. v. International Bulk Carriers Limited (1980) 1 All ED 213, C.A.

[69] Hunnings, CMLR 1981, 243.

[70] Carl, IPRAX 1983, 141 (143); Cassons/Dennis, a.a.O., S. 43, Z Limited v. A and others (1982) AER 556.

[71] Third Chandris Shipping Corporation and others v. Unimarine S.A. (1979) 1 All ER 972.

[72] Siskina Owners v. Distos Compania Naviera S.A. (1977) 3 All ER 803.

[73] Angesichts der Kritik an der diesbezüglichen Priviligierung der Vertragsstaaten ist mit einer baldigen derartigen Erweiterung zu rechnen (Stone Int. Comp. L. Q. 1983, 477 (488).

Derartige gerichtliche Entscheidungen sind nach sec. 25 (7) b) ausdrücklich von der Zuständigkeitserweiterung nach sec. 25 (1) ausgenommen.

Der von der englischen Rechtssprechung entwickelte Rechtsbehelf zur Beschaffung bzw. Sicherung von Beweismitteln ist die nach dem ersten Fall, in dem eine solche Entscheidung erging, sogenannte „Anton Piller Order"[74]. Mitunter findet eine Verbindung von „Mareva-injunction" und „Anton Piller Order" statt, wenn etwa im Verfahren zum Erlaß einer Mareva-injunction die Voraussetzungen zum Erlaß, die Belegenheit eines Vermögensstückes im Inland, anders nicht substantiiert ist[75].

Bei der Anordnung zur Beweisbeschaffung handelt es sich nicht um eine Ausgestaltung der Mareva-injunction selbst, sondern um einen eigenständigen Rechtsbehelf, für den auch eine eigene Rechtsgrundlage bestehen muß[76].

Die Mareva-injunction als Sicherungsinstrument soll nicht nur für inländische Hauptverfahren, sondern auch zur Sicherstellung der inländischen Vollstreckung ausländischer, in einem Vertragsstaat erwirkter Zivilurteile zur Verfügung stehen[77].

Eine inländische Unterstützung für ausländische Hauptverfahren durch den Erlaß von „Anton-Piller-Orders" zur Beschaffung oder Sicherung von Beweismitteln ist dagegen nicht vorgesehen. Voraussetzung einer Anordnung zur Beweisbeschaffung ist nach den Siskina-Grundsätzen die Jurisdiktion im Inland für das zugrunde liegende Hauptverfahren.

Die Anwendung der diese Regel für GVÜ-Vertragsstaaten ausschließenden sec. 25 Civil Jurisdiction and Judgment Act (1982) auf derartige einstweilige Maßnahmen (interim relief) ist ausdrücklich ausgeschlossen (sec. 25 [7] b)[78].

Eine Einordnung der „Anton-Piller-Order" in die „einstweilige Maßnahmen" nach Art. 24 GVÜ erübrigt sich deshalb, da eine Zuständigkeit dafür bei fehlender Hauptsachezuständigkeit nicht in Betracht kommt.

„Mareva-injunction" dagegen als rein sichernde Maßnahmen sind als direkt von Art. 24 GVÜ angesprochene „einstweilige Maßnahmen" an-

---

[74] Anton Piller KG v. Manufacturing Process Ltd. (1976) 1 All ER 779.
[75] London and County Securities Ltd. v. Caplan (1978) und Medieterrania Raffinaia Sicilian Petrol S.p.a. v. Mabanaft GmbH (1978), beide zitiert in (1980) 1 W.L.R. 1280.
[76] Powles J.B.L. 1981, 415 (425), unter Bezugnahme auf A. J. Bekhor v. Bilton (1981) 2 W.L.R. 601, 605.
[77] Hartley, S. 125/126.
[78] Collins, S. 137 f.

zusehen. Sie sind unmittelbarer Gegenstand der in sec. 25 Civil Jurisdiction and Judgments Act (1982) getroffenen Regelung[79].

E. Einstweiliger Rechtsschutz in Frankreich

I. Beschlagnahmen

Einstweiliger Rechtsschutz wird in Frankreich einmal durch ein unserem Arrest ähnliches Verfahren, der „saisie conservatoire" (Art. 48—57 c.p.c. ancien) sowie im Verfahren der „saisie arrêt" (Art. 557—585 c.p.c. ancien) gewährt. Es handelt sich bei beiden Verfahren um Beschlagnahmen zur Sicherung von Geldzahlungsforderungen.

1. Saisie arrêt

Bei der „saisie arrêt" handelt es sich um eine Forderungspfändung beim Drittschuldner (tiers saisi). Der Gläubiger läßt dadurch eine Forderung pfänden, die sein Schuldner gegenüber einem Dritten hat. Gegenstand der gepfändeten Forderung kann nach Art. 557 c.p.c. ancien eine Geldsumme oder eine körperliche Sache sein, soweit diese ihrerseits pfändbar ist. Soweit ein Titel vorliegt, wird zur Pfändung lediglich der Gerichtsvollzieher (huissier)[1] tätig. Art. 557 c.p.c. ancien spricht dabei von urkundlichen oder privaten Titeln (titres authentiques ou privés). Der Begriff „Titel" ist nach der Auslegung der französischen Rechtspraxis wesentlich weiter als in Deutschland zu verstehen. Darunter fallen z. B. neben Urteilen auch notarielle und private Urkunden, Schecks und Steuerbescheide[2].

Die Pfändung kann jedoch auch ohne Titel betrieben werden, bedarf jedoch dann der Genehmigung des Richters am Wohnort des Schuldners oder am Wohnort des Dritten (Art. 558 c.p.c. ancien)[3]. Diese Genehmigung wird erteilt werden, soweit die allgemeinen Voraussetzungen einer saisie arrêt, sicherer Bestand, Bestimmtheit, Fälligkeit der Forderung, vorliegen (Art. 551 c.p.c. ancien). Einen gewissen Spielraum für den Richter sieht Art. 559 c.p.c. ancien vor, der eine vorläufige Einschätzung bei in der Höhe noch unbestimmten Forderungen zuläßt. Die Rechtsprechung läßt darüber hinaus mitunter auch saisie arrêt zu, wenn der Bestand der Forderung nicht tatsächlich sicher, sondern nur prinzipiell gesichert erscheint[4].

---

[79] Hartley, a.a.O.; Collins, a.a.O.
[1] Zum huisser ausführlich: Burghardt, Diss. (1976), S. 8 ff.
[2] Vincent Nr. 109 m. w. N.
[3] Vom Streitwert abhängig ist der Einzelrichter des Tribunal d'instance oder der Präsident des Tribunal de grande instance zuständig.
[4] Zum Streitstand: Vincent, Nr. 107.

E. Einstweiliger Rechtsschutz in Frankreich

Dieser Verfahrensabschnitt dient ausschließlich der Sicherung und wird deshalb als vorsorgliche Maßnahme (acte conservatoire) angesehen[5].

Die Pfändung, die durch Zustellung des vom huissier ausgefertigten Zahlungsverbotes (exploit de saisie arrêt) erfolgt, hat zum einen die Wirkung, daß der Drittschuldner nicht mehr an den Schuldner befreiend leisten darf (Art. 1242 c.p.c. ancien), sowie die Verjährung unterbrochen wird (Art. 2244 code civil)[6].

Nach der Zustellung des Zahlungsverbotes an den Drittschuldner muß innerhalb Wochenfrist (Art. 563 c.p.c. ancien) dem Schuldner von der Pfändung Mitteilung gemacht (dénonciation) und dieser zu einer Verhandlung geladen werden, in der über die Ordnungsmäßigkeit der Pfändung und die Berechtigung des Anspruches des Gläubigers auf Eintreibung seiner Forderung befunden wird (assignation en validité)[7].

Von der Einleitung des Verfahrens gegen den Schuldner ist wiederum der Drittschuldner innerhalb von 8 Tagen zu benachrichtigen (contre-déconciation de saisie arrêt)[8].

Während Rechtsfolge der verspäteten oder gar unterlassenen „dénonciation et assignation en validité" Nichtigkeit der saisie arrêt ist, gelten nach verspäteter oder unterlassener „contre dénonciation" lediglich die Zahlungen des Drittschuldners als gegenüber dem Gläubiger wirksam (Art. 565 c.p.c. ancien).

Im Verfahren vor dem Richter wird sodann über die Wirksamkeit der Pfändung, sowie falls ohne vollstreckbaren Titel gepfändet wurde, auch über den Bestand der Gläubigerforderung in Form eines üblichen Zivilverfahrens befunden. Mit Erlaß des Urteils für den Kläger (judgement de validité) wird dieser endgültig zur Forderungseinziehung berechtigt[9]. In diesem Moment jedenfalls wird aus der vorläufigen Maßnahme eine endgültige[10].

Fraglich ist der Verfahrensablauf einer saisie arrêt bei fehlender inländischer Hauptsachezuständigkeit. Nach erfolgter Beschlagnahme ohne vollstreckbaren Titel müßte im Rahmen des Validationsverfahrens aber die Hauptsache, der Bestand der klägerischen Forderung, mitentschieden werden. Denkbar wäre aufgrund der Verfahrenseinbindung

---

[5] Vincent, Nr. 92.
[6] Zur Wirkung der Zustellung des Zahlungsverbotes ausführlich: Vincent, Nr. 127.
[7] Vincent, Nr. 132 ff.
[8] Vincent, Nr. 137.
[9] Vincent, Nr. 148.
[10] Vincent, Nr. 97, zum Doppelcharakter der saisie arrêt.

in das Zwangsvollstreckungsverfahren die Annahme der inländischen Zuständigkeit über Art. 16 Nr. 5 GVÜ. Diese Regelung der internationalen Zuständigkeit geht allen anderen vor[11].

Im einzelnen ist der Begriff „Zwangsvollstreckung" in Art. 16 Nr. 5 GVÜ noch nicht hinreichend herausgearbeitet worden. Er bedarf einer umfassenden vertragsimmanenten Definition[12]. Einigkeit besteht jedenfalls darin, daß nur Verfahren, die unmittelbar die Zwangsvollstreckung selbst zum Gegenstand haben, unter Art. 16 Nr. 5 fallen[13]. Dies erscheint für das Verfahren zur Überprüfung des Bestandes der klägerischen Forderung zweifelhaft.

Allein die verfahrensrechtliche Einbindung eines Hauptverfahrens, in dem im vollen Umfang der Bestand des zugrunde liegenden materiell-rechtlichen Anspruches erstmals festgestellt wird, kann nicht für die Einordnung entscheidend sein. In diesem Teil des Verfahrens wird nicht über die Zwangsvollstreckung entschieden, sondern eine Voraussetzung der Zwangsvollstreckung geschaffen.

Es handelt sich dabei der Sache nach um ein gewöhnliches Zivilverfahren, für das der sonstige Zuständigkeitskatalog des GVÜ beachtlich ist.

Eine solche Abtrennung dieses „Hauptsacheverfahrens" erfolgt auch durch die französische Rechtspraxis hinsichtlich der Handhabung der saisie arrêt bei vereinbarten oder anhängigen Schiedsverfahren. Die staatlichen Gerichte bleiben zwar zum Erlaß einstweiliger sichernder Maßnahmen zuständig, die Feststellung der klägerischen Forderung bleibt jedoch dem Schiedsgericht vorbehalten[14]. Ebenso könnte nach erfolgter Beschlagnahme im Verfahren der saisie arrêt bei fehlender Hauptsachezuständigkeit aufgrund des GVÜ der Verfahrensfortgang vom Ausgang des ausländischen Hauptverfahrens abhängig gemacht werden. Nachdem im Ausland dann der vollstreckbare Titel erlassen und im Inland anerkannt und für vollstreckbar erklärt wurde, könnte ein judgement de validité ergehen, das sich auf die Überprüfung der Rechtmäßigkeit der Zwangsvollstreckung beschränkte. Eine solche Entscheidung, die allein die Zwangsvollstreckung zum Gegenstand hätte, wäre stets im Inland nach Art. 16 Nr. 5 GVÜ zulässig.

---

[11] *Geimer*/Schütze, Bd. I/1, § 91 III, S. 813.

[12] *Geimer*/Schütze, a.a.O. Diese Herausarbeitung setzt umfangreiche rechtsvergleichende Untersuchungen voraus, die den Umfang der vorliegenden Arbeit sprengen würden.

[13] *Geimer*/Schütze, Bd. I/1, § 91 VI, S. 815; Bülow/Böckstiegel/*Müller*, Art. 16 IV 5 606/140.

[14] de Boisséson, Rz. 306.

2. Saisie conservatoire

Die „saisie conservatoire" beinhaltet eine vorsorgliche vorläufige Vollstreckung in bewegliche Sachen und Forderungen des Schuldners[15]. Als vorläufige Maßnahme (mesure conservatoire) geht sie nicht über die Sicherstellung des gepfändeten Gegenstandes hinaus. Eine Verwertung darf erst nach dem Verfahren der validité (Art. 51 Abs. 2 S. 2 c.p.c.) oder der instance au fond (gewöhnliche Klage) vorgenommen werden[16].

Voraussetzung einer solchen vorläufigen Sicherungsvollstreckung ist kein genereller Titel. Die Vollstreckung erfolgt aufgrund eines gerichtlichen Beschlusses (ordonnances sur requête), der stets ohne Anhörung des Gegners erlassen wird[17]. Es handelt sich dabei um ein einseitiges Antragsverfahren[18] ohne Verfahrensbeteiligung des Antragsgegners[19].

Der Bestand der klägerischen Forderung wird dabei nur insoweit überprüft, ob diese im Grundsatz als begründet erscheint. Zur Glaubhaftmachung genügt eine privatschriftliche Urkunde[20].

Weiter überprüft der Richter die Dringlichkeit des Erlasses der ordonnances sur requête. Sie wird nur erlassen, wenn die Rechtsposition des Antragstellers andernfalls gefährdet erscheint[21].

Der Beschluß enthält außerdem eine Frist, innerhalb derer ein Verfahren zur Bestätigung der Beschlagnahme unter Anhörung des Gegners anhängig gemacht werden muß (Art. 48 Abs. 2 c.p.c. ancien)[22].

Die „saisie-conservatoire" wird stets befristet erlassen[23] und gewährt dem Antragsgegner ausdrücklich die Möglichkeit, jederzeit die Überprüfung des Beschlusses in einem „référé"-Verfahren durchführen zu lassen, um gegebenenfalls die Rücknahme zu erwirken (demande en rétraction, Art. 48 Abs. 4 c.p.c. ancien)[24].

Um bezüglich seiner Forderung endgültig befriedigt zu werden, stehen dem Gläubiger, der eine „saisie conservatoire" erwirkt hat, zwei

---

[15] Vincent, Nr. 71 ff.
[16] Burghardt, S. 19.
[17] Martiny, Nichtstreitige Verfahren in Frankreich, § 1 C, S. 15.
[18] Art. 493—498 c.p.c. noveau enthalten allgemeine Verfahrensvorschriften für ordonnance sur requete, Art. 812 f. c.p.c. noveau enthalten besondere Bestimmungen für die verschiedenen zuständigen Richter.
[19] Vismard, proc. civ. Bd. I Fasc. 239, Nr. 1.
[20] Böttger, S. 69.
[21] Cour des Cass. vom 30. 4. 1982, Bulletion Civil IV, Nr. 132; Vincent, Nr. 72.
[22] Vincent, Nr. 75 bis.
[23] Böttger, S. 71.
[24] Vincent, Nr. 77.

verschiedene Wege offen. Entweder wird der Bestand der Forderung und damit auch die Rechtmäßigkeit der Pfändung in der sog. „instance en validité" überprüft, oder es wird eine gewöhnliche Klage mit ordentlicher Hauptverhandlung durchgeführt[25]. Erkennt das Gericht im validité-Verfahren im Sinne des Klägers, erläßt es ein judgement de validité, im ordentlichen Zivilverfahren (instance au fond) ein gewöhnliches Endurteil.

Beide Verfahren zielen darauf, den bisher fehlenden Vollstreckungstitel zu erwirken, der dann Gegenstand der Fortsetzung der Zwangsvollstreckung, d. h. der Bestandsaufnahme (récolement) und anschließender Versteigerung (la vente) ist[26].

Die Wahl des Antragstellers ist bestimmt von den verschiedenen Zuständigkeiten für die „instance en validité" bzw. die „instance au fond". Während für letztere sich die Zuständigkeit nach den allgemeinen Vorschriften, d. h. nach Natur und Höhe der Forderung bestimmt, ist für die „instance en validité" ausschließlich das Trib. de grande instance zuständig, da es sich nach französischer Rechtssystematik um Fragen der Vollstreckung handelt[27].

Damit ist jedoch nicht gesagt, daß die der Beschlagnahme zugrunde liegende „ordonnances sur requête" auch als Maßnahme der Zwangsvollstreckung i. S. des Art. 16 Nr. 5 GVÜ einzuordnen ist und stets in ihrer Wirksamkeit auf Frankreich als Vollstreckungsstaat beschränkt bleibt. Angesichts der notwendigen autonomen, vertragsimmanenten Auslegung dieses Begriffes[28] liegt vielmehr eine Einordnung als einstweilige Maßnahme i. S. des Art. 24 GVÜ nahe. Aus dieser Vorschrift geht hervor, daß derartige rein sichernde Beschlagnahmen einer eigenen Regelung zugeführt werden sollten. Der Wortlaut des Art. 16 Nr. 5 GVÜ legt darüber hinaus nahe, daß davon nur Entscheidungen betroffen sind, die sich auf die Zwangsvollstreckung aus bereits existenten Entscheidungen beziehen. Die „ordonnances sur requête" ist jedoch die Entscheidung selbst, die Grundlage der Zwangsvollstreckung (Beschlagnahme) ist.

Da sich die der saisie conservatoire zugrunde liegende Beschlagnahmeordnung (ordonnance sur requête) auf die Sicherung beschränkt und ihr Erlaß von Dringlichkeit abhängig ist, handelt es sich dabei um eine einstweilige Maßnahme i. S. des Art. 24 GVÜ.

Das Validationsverfahren ist wie bei der saisie arrêt bei fehlender inländischer Hauptsachezuständigkeit auf die Überprüfung der Recht-

---

[25] Vincent, Nr. 79 bis.
[26] Böttger, a.a.O.
[27] Böttger, S. 71.
[28] *Geimer*/Schütze, Bd. I/1, § 91 VI, S. 814.

mäßigkeit der Beschlagnahme beschränkt. Eine Fortsetzung der Zwangsvollstreckung mit Verwertung kann erst nach inländischer Vollstreckbarerklärung des ausländischen Hauptsacheurteils erfolgen.

II. Einstweilige Verfügungen

Einstweilige Verfügungen können im Rahmen des „référé"-Verfahrens vom Präsidenten des „tribunal de grande instance" erlassen werden[29]. Voraussetzung einer solchen einstweiligen Verfügung ist neben der Dringlichkeit nach Art. 808 c.p.c. noveau die Verfahrensbeteiligung des Antragsgegners durch Zustellung der Klageschrift („assignation" Art. 485 noveau c.p.c.)[30]. Dabei muß sichergestellt sein, daß dem Antragsgegner genug Zeit bis zur Verhandlung bleibt, um seine Verteidigung vorbereiten zu können (Art. 486 nouveau c.p.c.).

Die Entscheidung selbst entwickelt keine Rechtskraft bezüglich des zugrunde liegenden materiell-rechtlichen Anspruchs (Art. 488 noveau c.p.c.).

Mögliche Entscheidungsinhalte reichen von der Anordnung der Rückgabe von Waren über die Anordnung der Untersuchung derselben durch einen Sachverständigen bis zu Unterlassungsverfügungen, wie z. B. der Untersagung der Fortführung von Bauarbeiten oder der Übertragung von Vermögensgegenständen[31].

Einstweilige Verfügungen im „référé"-Verfahren sind angesichts der Prüfung der Dringlichkeit grundsätzlich als „einstweilige Maßnahme" im Sinne des Art. 24 GVÜ einzuordnen. Einschränkungen können sich aus dem Entscheidungsinhalt ergeben, soweit damit entsprechend der deutschen Leistungs- oder Befriedigungsverfügung endgültige vorgreifliche Entscheidungen getroffen werden.

III. Einstweilige Zahlungsverfügungen („provision")

Als Besonderheit des französischen Prozeßrechts besteht die Möglichkeit, Zahlungsansprüche im Verfahren der einstweiligen Verfügung (référé provision) durchzusetzen[32]. Dieses in Art. 809 Abs. 2 noveau c.p.c. geregelte Rechtsinstitut wurde mit Gesetz vom 17. 12. 1973 eingeführt und hat heute angesichts der häufigen Gewährung durch die Gerichte eine immense praktische Bedeutung.

---

[29] Daneben besteht auch die Möglichkeit, einstweilige Verfügungen im bereits beschriebenen „requete"-Verfahren zu erwirken.
[30] s. dazu Martiny, a.a.O., S. 170 Fn. 22.
[31] Buhart, a.a.O.
[32] Zur „provision": Perrot, Gaz. Pal. 1980 I, 315; Rousse, Gaz. Pal. 1975 I, 13.

3. Kap.: „Einstweilige Maßnahmen" nach Art. 24 GVÜ

Zuständig für den Erlaß einer „provision" ist nach der genannten Bestimmung der Präsident des „Tribunal de grande instance". Identische Bestimmungen wurden erlassen, die dem „judge de la mise en etat"[33] beim „Tribunal de grande instance", den Arbeitsgerichten (Art. R 516 code trav.), den Handelsgerichten (Art. 873 c.p.c.), den Gerichten für Miet- und Pachtstreitigkeiten in der Landwirtschaft (Art. 894 c.p.c.) und den Amtsgerichten (Art. 894 c.p.c.) die Möglichkeit der Gewährung einer „provision" einräumen.

Nach der gesetzlichen Regelung kann im Fall einer nicht ernsthaft strittigen Forderung („non serieusement contestable") dem Gläubiger eine Vorauszahlung („provision") gewährt werden. Dieser Begriff wird in der französischen Rechtsprechung und Lehre dahin ausgelegt, daß eine summarische Überprüfung des Bestreitens des Beklagten darauf durchgeführt wird, inwieweit es abwegig oder rechtsmißbräuchlich ist[34]. Es handelt sich um eine dem englischen „summary judgment" (Order 14 RSC) vergleichbaren Vorprüfung des Beklagtenvorbringens mit dem Ziel, solchen Prozessen vorzubeugen, die nur in Verzögerungsabsicht geführt werden[35].

Der Unterschied zum englischen Verfahren besteht bezüglich des Verfahrensfortganges darin, daß eine „provision"-Entscheidung nicht als Endurteil die Instanz abschließt, sondern, zumindest de lege lata, ein Hauptverfahren folgt.

Die für die Zuordnung zum einstweiligen Rechtsschutz begriffswesentliche Tatbestandsvoraussetzung der Dringlichkeit der Entscheidung[36] wurde jedoch in der französischen Rechtspraxis mehr und mehr aufgegeben. Seit der Entscheidung des „Cour de Cassation" vom 4. 11. 1976[37], in der die Gewährung einer „provision" nicht mehr von den Voraussetzungen des Art. 809 I c.p.c., also der „urgence" (Dringlichkeit) abhängig gemacht wurde, ist das „provisions"-Verfahren zum allgemeinen Schnellverfahren für jedwede Zahlungsansprüche geworden[38]. Dies drückt sich auch in der hohen Zahl von „provisions"-Entscheidungen aus[39].

Die Tendenz, mit „provision" Entscheidungen im Rechtsstreit endgültig zu entscheiden, ist unverkennbar. Ein Interesse der Parteien an der Fortführung des Rechtsstreits besteht nur selten, da bereits in der

---
[33] Entspricht in etwa dem deutschen Berichterstatter beim Kollegialgericht.
[34] Condez, Note d'arret, Jurisclasseur 1979, 1925.
[35] Rousse, a.a.O.
[36] s. o. 3. Kap. II e 2).
[37] Gaz. Pal. 77 I, S. 352 f.
[38] Rousse, Feu a l'urgence, Gaz. Pal. 1977 II, S. 563.
[39] Allein Tribunal de grande instance de Paris lt. offizieller Statistik 1982: 1833, 1983: 1739, 1984 1. Halbj.: 1143 lt. Mitteilung des Präs. Drais.

"provision" Entscheidung oftmals über die eingeklagte Forderung in nahezu voller Höhe entschieden wird[40].

Die Relevanz dieser Rechtspraxis für das GVÜ hat sich bereits in zwei bekanntgewordenen Entscheidungen gezeigt. In der Entscheidung vom 9. 10. 1978 hat das Tribunal de grande instance de Nanterree[41] im Wege der „provision" eine belgische Gesellschaft zur Zahlung von 15.000 FF an den Kläger, einen französischen Staatsbürger verurteilt.

Die Zuständigkeit konnte es allein aus Art. 14 code civile, einem nach Art. 3 Abs. 2 GVÜ für die Vertragsstaaten explizit aufgehobenen exorbitanten Gerichtsstand, herleiten. Möglich war dies nur aufgrund Art. 24 GVÜ, der für einstweilige Maßnahmen die Berufung auf exorbitante Gerichtsstände zuläßt. Als solch einstweilige Maßnahme im Sinne des Art. 24 hat das Gericht die „provision" Entscheidung ohne Begründung bezeichnet.

Im gleichen Sinne Tribunal de grande instance de Marseille[42], das nach einer Schiffskollision auf hoher See zwischen einem französischen und italienischen Schiff seine Zuständigkeit allein auf Art. 14 code civil, d. h. die französische Nationalität des Klägers, stützte. Die Zulässigkeit wurde auch hier mit dem Hinweis auf Art. 24 GVÜ begründet.

Inwieweit von der Freizügigkeit der gerichtlichen Entscheidungen in den Vertragsstaaten Gebrauch gemacht wurde, ist nicht bekannt. Beiden Entscheidungen ist in der französischen Literatur widersprochen worden[43].

Mezger widerspricht der Auslegung des Art. 24 GVÜ durch das Tribunal de grande instance Nanterre in zweifacher Hinsicht. Einmal ist er der Auffassung, Art. 24 verweise nur positiv auf die nationalen Zuständigkeitsregeln, lasse daneben aber die Bestimmungen des Abkommens, also auch die Derogation der exorbitanten Gerichtsstände nach Art. 3 Abs. 2 GVÜ unberührt. Demzufolge ständen auch für die einstweiligen Maßnahmen im Sinne des Art. 24 die exorbitanten Gerichtsstände nicht zur Verfügung.

Weiterhin sieht er die „provision" nicht als „einstweilige Maßnahme" im Sinne des Art. 24 GVÜ[44]. Dies wird damit begründet, daß die Verurteilung zur Zahlung einer Geldsumme einzig unter der Voraussetzung, daß die Forderung nicht ernsthaft strittig ist, nicht als einstweilig

---

[40] Perrot, Les incidents, S. 322; Tribunal de commerce de Paris vom 10. 6. 1974, Gaz. Pal. 1974 II, S. 853, sprach von eingeklagten FF 46 512 (Schadensersatz) in der „provision" Entscheidung FF 46 500 zu.
[41] Rev. crit. de droit int. 1979, 128.
[42] Rev. crit. 1979, 97.
[43] Marseille: Lagarde, rev. crit. 1979, 100 f.; Nanterre: Mezger, rev. crit. 1979, 130 f.
[44] Collins, S. 99 Fn. 5 zustimmend.

im gewöhnlichen Sinne bezeichnet werden kann. Eine Einordnung einer solchen Entscheidung unter Art. 24 GVÜ widerspräche auch dem System der Zuständigkeitsregelungen der Konvention, vertausche die Rolle von Kläger und Beklagtem und ließe den Zweck der Zuständigkeitsbegrenzungen leerlaufen.

Zutreffend weist er auch auf die aus der Freizügigkeit der Entscheidung entstehenden Probleme hin. Der um Exequatur angerufene belgische Richter kann diese nicht wegen fehlender Zuständigkeit des Erstrichters verweigern (Art. 28 Abs. 3 GVÜ). Auch die aufgezeigte Möglichkeit der Aussetzung des Verfahrens zur Klauselerteilung nach Art. 38 Abs. 1 GVÜ ist jedenfalls seit der Entscheidung EuGH Rs 43/77[45] nicht gegeben. Das Hauptverfahren kann danach nicht als ordentlicher Rechtsbehelf angesehen werden. Eine Beschwerde gegen die „provisions"-Entscheidung des „juge des référés" ist nur binnen 15 Tagen zulässig[46]. Die Erteilung der Vollstreckungsklausel läßt sich deshalb nicht verhindern.

Die Ausgliederung von „provision"-Entscheidungen aus dem einstweiligen Rechtsschutz ist von den französischen Gerichten im Zusammenhang mit Schiedsverfahren bereits vollzogen worden. Im Verfahren Republik Iran gegen das französische Atomenergie-Kommissariat[47] hat Iran beim Präsidenten des Tribunal de grande instance den Erlaß einer „provision über Darlehenstilgung und Zinszahlung beantragt. Dieser Antrag ist in allen Instanzen abgewiesen worden.

Dem Rechtsstreit lag ein Kooperationsvertrag zwischen Iran und Frankreich auf dem Gebiet der Urananreicherung für friedliche Zwecke vom Jahr 1974 zugrunde. Im Rahmen dieses Vertrags gewährte die Republik Iran dem französischen Atomenergie-Kommissariat ein Darlehen über 1 Milliarde US $, für dessen Rückzahlung sich der französische Staat verbürgte. Für Rechtsstreitigkeiten unter den Beteiligten war die Anrufung eines Schiedsgerichts bei der Internationalen Handelskammer in Paris vereinbart. Nach der Resolution im Iran kündigte die neue Islamische Republik Iran das Abkommen auf und erbrachte die ihr obliegenden Leistungen im Rahmen der vereinbarten Zusammenarbeit nicht mehr. Aufgrund vermeintlicher daraus resultierender Schadensersatzansprüche stellte das französische Atomenergie-Kommissariat deshalb die Tilgungs- und Zinszahlungen bezüglich des Darlehens ein. Daraufhin wurde ein Schiedsverfahren bei der Internationalen Handelskammer in Paris eingeleitet, das vereinbarungsgemäß nach deren Schiedsordnung geführt wurde.

---

[45] RIW/AWD 1978, 186 = NJW 1978, 1107.
[46] Perrot, a.a.O., S. 319.
[47] Rev. Arb. 1985, 69 f.

E. Einstweiliger Rechtsschutz in Frankreich

Neben dem Schiedsverfahren beantragte die Islamische Republik Iran beim Präsidenten des Tribunal de grande instance den Erlaß der eingangs erwähnten „provision" auf Tilgung und Zinszahlung bezüglich des Darlehens. Die Zulässigkeit des Erlasses einer solchen Entscheidung trotz anhängigem Schiedsverfahren leitete sie daher, daß nach Art. 8 para. 5 der Schiedsordnung der Internationalen Handelskammer trotz anhängigem Schiedsverfahren der Erlaß von einstweiligen oder sichernden Maßnahmen durch ordentliche Gerichte zulässig bleibt. Gleiches gilt auch nach französischem Prozeßrecht für nationale wie internationale Schiedsgerichtsbarkeit[48].

Der Cour de Cassation lehnte den Erlaß der „provision" ab und begründete das damit, da die „provision" im „référé"-Verfahren nach Art. 809 Abs. 2 c.p.c. noveau keine derartige zulässige, einfache einstweilige oder sichernde Maßnahme sei. Weitere Ausführungen machte er dazu nicht.

Couchez weist in seiner Anmerkung zu dieser Entscheidung[49] zutreffend darauf hin, daß der Grund in der Entwicklung des „provision"-Verfahrens zum allgemeinen Schnellverfahren in der französischen Rechtspraxis liegt. Diese Einschätzung wird wie oben ausgeführt verursacht durch die Aufgabe des Erfordernisses der Dringlichkeit (urgence), sowie der Aufgabe der Limitierung des Entscheidungsumfanges auf einen Bruchteil der Begehr des Hauptverfahrens. Für die Ausgliederung der „provision" allgemein aus den einstweiligen oder sichernden Maßnahmen, die trotz Anhängigkeit des Schiedsverfahrens zulässig sein sollen, sieht Couchez keine Argumentationsgrundlage.

Er befürwortet jedoch eine Rückführung der Möglichkeit zur Erwirkung der „provision" auf dringliche Sachverhalte. Die Bedenken der Gerichte, die „provision" als einstweilige Maßnahme einzuordnen, werden dadurch am effektivsten ausgeräumt[50].

„provision"-Entscheidungen im „référé"-Verfahren, wie sie in der französischen Rechtspraxis getroffen werden, sind wegen fehlender Dringlichkeit deshalb keine einstweiligen Maßnahmen im Sinne des Art. 24 GVÜ. Daneben ist auch der vorgreifliche Entscheidungsinhalt für die Ausgliederung maßgeblich.

Es obliegt dem zur Entscheidung angerufenen Richter in Fällen, in denen der Schuldner seinen Wohnsitz in einem anderen Vertragsstaat hat, die Zuständigkeitsregelungen des Titels II des GVÜ zu beachten

---
[48] Robert, S. 629.
[49] Rev. Arb. 1985, 73 ff.
[50] Zu den Bedenken die „provision" als einstweilige Maßnahme einzuordnen, siehe auch Trib. grande instance Aix v. 4. 5. 1981 in Rev. crit. dr. int. pr. 1983, 110 m. A.

und sich deshalb, so kein anderer im Übereinkommen vorgesehener Gerichtsstand einschlägig ist, für unzuständig zu erklären.

F. Einstweiliger Rechtsschutz in den Niederlanden

I. Überblick

In den Niederlanden wird nach dortigem Rechtsverständnis einstweiliger Rechtsschutz im „kort geding"-Verfahren (Art. 289—297 Wetboek van Burgerlijke Rechtsvordering [RV]), sowie durch Arreste[1] gewährt[2]. Die verschiedenen Arreste können unschwer als „einstweilige Maßnahmen" im Sinne des Art. 24 GVÜ qualifiziert werden.

II. Kort geding (einstweilige Verfügung)

Anders ist die Sachlage beim „kort geding" angesichts der Entwicklung der Rechtspraxis, die derjenigen in Frankreich gleicht.

Zuständig für den Erlaß einer „kort geding"-Entscheidung ist ausschließlich der Gerichtspräsident, der gewöhnlich nicht am Hauptverfahren beteiligt ist[3]. Die Entscheidung ergeht stets kontradiktorisch, d. h. unter Anhörung des Gegners, in einem summarischen Verfahren[4]. Sie genießt deshalb Freizügigkeit innerhalb der Vertragsstaaten.

Inhaltlich sind dem „kort geding" keine Grenzen gesetzt. Jeder im ordentlichen Verfahren denkbare Entscheidungsinhalt kann auch im „kort geding" ergehen, ein Vorbehalt diesbezüglich für das Hauptverfahren wird ausdrücklich abgelehnt[5]. Insbesondere kann im „kort geding" auch die Verurteilung zur Zahlung einer Geldforderung erfolgen[6]. Von der Möglichkeit der Erlangung solcher, nach deutschem Sprachgebrauch, Leistungsverfügungen wird reger Gebrauch gemacht. Ihre Zahl übersteigt die der Sicherungsverfügungen[7].

---

[1] Verschiedene Beschlagnahmen Art. 721 ff. RV und Art. 125 j RV.

[2] Zum „kort geding": Zonderland, Einstweilige Verfügungen in den Niederlanden, ZZP 1977, 225 ff., ders. Het kort geding (1972), ders. in *Zonderland/Schlingmann/Dolman*, Grondtrekken ..., S. 224 ff.; Schenk, Het kort geding enzijn teopassing in Nederland (1976); Verheul, in Essays on the law of international trade, jurisdiction to grant injunctions, S. 70 f. Zu den Arresten: *Zonderland*/Schlingmann/Dolman, a.a.O., Kap. XIII, S. 277 ff., insb. S. 278 zu den verschiedenen Beschlagnahmen.

[3] Zonderland, ZZP (1977), 229 Fn. 8.

[4] Verheul, NILR 1981, 82; Zonderland, ZZP (1977), 225 (229).

[5] Verheul, Essays on the law of international trade, S. 71; Schenk, Het Kort Geding, S. 121; Rb. Hague 18. 10. 62 NJ 1963, 389; Zonderland u. a., a.a.O., S. 229.

[6] Zonderland u. a., S. 230; Pres. Rb. Arnheim NJ 1971, 137; Pres. Rb. Amsterdam NJ 1977, 593.

[7] Sauveplanne, IPRAX 1983, 65 f. Fn. 2.

Die Vorläufigkeit besteht dabei nur rechtstheoretisch.

Etwa 95 % aller „kort geding"-Entscheidungen werden ohne Hauptverfahren von den Beteiligten als endgültige Streitbeilegung akzeptiert[8].

Als vorläufig wird die Entscheidung nur deshalb bezeichnet, weil sie die „endgültige" Entscheidung im Hauptverfahren nicht beeinflußt (Art. 292 RV), d. h. sie kann keine materielle Rechtskraft (res judicata pro veritate habetur) bezüglich des zugrunde liegenden materiell-rechtlichen Anspruchs entfalten. Rechtskraft im Sinne von ne bis in idem besteht nur für weitere „kort geding"-Verfahren bezüglich des gleichen Anspruches[9].

Angesichts der weiten Tenorierungsmöglichkeit ist die Dringlichkeit einziges Erfordernis zum „kort geding" neben den allgemeinen Prozeßvoraussetzungen. „Dringlichkeit" wird dabei jedoch sehr großzügig ausgelegt[10].

Bezüglich der örtlichen und internationalen Zuständigkeit werden auf „kort geding" grundsätzlich die allgemeinen Regeln, also auch der nach Art. 3 Abs. 2 GVÜ explizit ausgeschlossene Art. 126 Abs. 3 RV angewandt[11]. Danach kann der Kläger, wenn der Beklagte weder Wohnsitz noch Aufenthalt in den Niederlanden hat, beim Gericht an seinem eigenen Wohnsitz Klage erheben[12].

Für das Gemeinschaftsrecht und insbesondere die BR Deutschland ist diese Rechtspraxis bereits praktisch geworden.

In der Entscheidung Pres. Rb. Alemlo vom 2. 9. 1970[13] ist die deutsche Firma Blome KG, Herne, im „kort geding"-Verfahren zur Zahlung von hfl 250.000,— an die niederländische Firma Wisseborn B.V., Enschede, verurteilt worden. Die Entscheidung wurde damit begründet, daß dieser Betrag nach summarischer Überprüfung ein der Klägerin jedenfalls zustehender Teilbetrag der Gesamtforderung von hfl 590.000,— aus Lieferung und Montage von Maschinen sei.

Dringlichkeit als Voraussetzung für „kort geding"-Verfahren sei aufgrund finanzieller Schwierigkeiten der Klägerin gegeben. Da zwischen den Parteien keine Vereinbarung über Gerichtsstand und anwendbares

---

[8] Verheul, Essays on the Law of international trade, S. 74; Zonderland, ZZP (1977), 242.
[9] Verheul, a.a.O., S. 71.
[10] Zonderland, a.a.O., S. 234.
[11] Verheul, NILR 1981, 81.
[12] Kropholler, IZVR, Rz. 100, danach hat Art. 127 RV, der Art. 14 c.p.c (Frankreich) entspricht, seit der Entscheidung HG 5. 12. 1940 NJ 1941 Nr. 312 seine Bedeutung verloren, Art. 126 Abs. 3 RV hat dagegen seine Gültigkeit behalten.
[13] NJ 1979, 145.

Recht getroffen waren, leitete der Pres. Rb. Almelo seine Zuständigkeit aus Art. 126 Abs. 3 RV her. Die Vereinbarkeit mit dem GVÜ sei nach Art. 24 des Abkommens gegeben, da ein „kort geding" wie im vorliegenden Fall als „einstweilige Maßnahmen" im Sinne der genannten Vorschriften anzusehen sei.

Mangels Vermögen der Beklagten in den Niederlanden wurde dann, so berichtet Bertrams[14], beim Landgericht Bochum ein Exequaturverfahren anhängig gemacht. In der mündlichen Erörterung (§ 5 Abs. 1 S. 2 AGGVÜ) wurde der Antrag aufgrund vom Gericht an den Erfolgsaussichten geäußerter Zweifel zurückgenommen. Welche Gründe zu Zweifeln an den Erfolgsaussichten geführt haben ist rätselhaft. Etwaige fehlende Zuständigkeit des niederländischen Gerichts ist explizit als Versagungsgrund für die Anerkennung ausgeschlossen (Art. 28 Abs. 3 GVÜ). Dies jedoch wäre selbst dann die einzige Konsequenz, wenn man die „kort geding"-Entscheidung nicht als „einstweilige Maßnahme" im Sinne des Art. 24 GVÜ qualifizierte. Bei richtiger Rechtsanwendung hatte das LG Bochum die Entscheidung jedenfalls mit der beantragten Vollstreckungsklausel versehen müssen.

Der Fall zeigt eindringlich die Notwendigkeit, einschränkende Kriterien für die Qualifikation des Begriffs „einstweilige Maßnahme" in Art. 24 GVÜ herauszuarbeiten. Tieferer Grund für die Einleitung des „kort geding"-Verfahrens in den Niederlanden war nicht der Zeitgewinn gegenüber der Beantragung einer einstweiligen Verfügung in Deutschland. Das zur Realisierung der „kort geding"-Entscheidung notwendige Exequaturverfahren benötigt sicherlich ebensoviel Zeit wie die Beauftragung eines deutschen Anwalts am Wohnsitz des Beklagten. Es ist jedoch in Deutschland mehr oder weniger unwahrscheinlich, mit der Begründung, daß eine Insolvenz des Schuldners drohe, eine Leistungsverfügung zu erwirken[15].

Die Handhabung ist im Vergleich zu den Niederlanden ungleich restriktiver. Dies steht jedoch der erklärten Grundannahme der Konvention entgegen, dem Vertrauen in die Gleichwertigkeit der Prozeßordnungen und der beabsichtigten rechtlichen Gleichstellung der Einwohner der Vertragsstaaten. Im Gegenteil trägt es die ungleich vorteilhaftere Regelung eines Staates aufgrund der vertragsbedingten Freizügigkeit in einen anderen[16].

Zu Recht ist deshalb der Entscheidung in der niederländischen Literatur widersprochen worden. Verheul spricht einer Verurteilung zu einer Geldzahlung generell die „Einstweiligkeit" ab. Derartige Lei-

---

[14] De positie va het kort geding, WPNR 1981, 1 (3).
[15] Zum Streitstand Stein/Jonas/*Grunsky*, vor § 935 Rz. 41.
[16] Im gleichen Sinne Verheul, NILR 1981, 82.

stungsverfügungen hatten die Verfasser der Konvention bei der Formulierung des Art. 24 nicht im Auge. Schultsz[17] sieht in der generellen Einordnung des „kort geding" als „einstweilige Maßnahme" im Sinne des Art. 24 einen „Deichbruch" ins Zuständigkeitssystem des Übereinkommens.

Bertrams[18] sieht ein „kort geding" aufgrund seiner prozessualen Ausgestaltung zwar als „einstweilige Maßnahme" an, will jedoch Art. 24 nicht so verstehen, daß für derartige Entscheidungen die exorbitanten Gerichtsstände zur Verfügung stehen. Da für gewisse originäre „kort geding"-Entscheidungen mit rein sicherndem Charakter dieser Zugang erhalten bleiben soll, kommt er nicht umhin, bestimmte Maßnahmen herauszuarbeiten, für die der Ausschluß nach Art. 3 Abs. 2 GVÜ gültig sein soll.

Im Ergebnis sondert er damit ebenfalls bestimmte Maßnahmen aus dem Anwendungsbereich des Art. 24 aus.

Sauveplanne[19] sieht dies Problem und will innerhalb der verschiedenen „kort geding"-Entscheidungen bestimmte aussondern. Kriterien zur Aussonderung vermag er nicht zu nennen.

Die Frage nach der Einordnung des „kort geding" als „einstweilige Maßnahme" im Sinne des Art. 24 GVÜ wurde in der Vorlage des niederländischen Hoge Raad an den EuGH (RS 25/81)[20] unter 3. gestellt. Da der EuGH die Anwendbarkeit der Konvention überhaupt ablehnte, nahm er zu dieser nachgeordneten Frage keine Stellung. Die Kommission vertrat in ihrer Stellungnahme die Auffassung, daß Art. 24 GVÜ eng auszulegen sei und nur solche „kort geding"-Entscheidungen als „einstweilige Maßnahmen" anzusehen seien, die die Aufhebung eines Arrestes oder damit in engem Zusammenhang stehende Gegenstände zum Inhalt habe[21].

Nicht nachvollziehbar ist angesichts des Wortlautes der Konvention (Art. 28 Abs. 3) die Meinung von Kerbosch[22], wonach Entscheidungen, die allein aufgrund internationaler Zuständigkeit nach Art. 24 ergehen, nicht anerkennungs- und vollstreckungsfähig sein sollen[23].

„Kort geding"-Entscheidungen, die inhaltlich einer Leistungsverfügung entsprechen, sei es als Verurteilung zur Zahlung einer Geldsumme oder als Unterlassungsverurteilung mit der Androhung einer

---

[17] Schultsz, NJ 1979, 145 und NJ 1982, 1066.
[18] WPNR 1981, 1 ff.
[19] IPRAX 1983, 65.
[20] EuGHE 1982, 1189 = IPRAX 1983, 77.
[21] In EuGHE 1982, 1189 (1195).
[22] Enige beschouwingen ... (1981).
[23] Wie hier Verheul, Rechtsmacht Deel 1, S. 137.

„dwangsom"[24], sind damit nicht als „einstweilige Maßnahmen" im Sinne des Art. 24 anzusehen.

G. Einstweiliger Rechtsschutz in Griechenland

I. Überblick

Vorläufiger Rechtsschutz wird in Griechenland durch einstweilige Verfügungen (Art. 682 ff. gr. ZPO) und vorläufige Anordnungen gewährt. Soweit letztere nur während des Hauptverfahrens erlassen werden können (Art. 781 gr. ZPO), sind sie im hier angesprochenen Zusammenhang nicht von Interesse.

Anders liegt dies bei vorläufigen Anordnungen, die vom Gericht nach Einreichung des Antrags auf Erlaß einer einstweiligen Verfügung getroffen werden können (Art. 691 Nr. 2 gr. ZPO). In einem Streit bezüglich gerichtlicher Sequestration eines Schiffes im Wege einstweilige Verfügung (Art. 725 ff. gr. ZPO) kann das Gericht z. B. durch vorläufige Anordnung die Abfahrt des Schiffes bis zur Entscheidung über den Erlaß einer einstweiligen Verfügung verbieten[1]. Soweit solche Anordnungen, so die Regel[2], ohne Anhörung des Gegners erlassen werden, steht ihrer Freizügigkeit jedenfalls Art. 27 Nr. 2 GVÜ entgegen[3]. Andernfalls sind sie nach Art. 31 vollstreckungsfähig, da es sich um gerichtliche Entscheidungen im Sinne des Art. 25 handelt[4].

II. Einstweilige Verfügungen

Einstweilige Verfügungen, nach griechischer Terminologie „Sicherungsmaßnahmen", werden einerseits als Maßnahme, die auf die Sicherung oder die Aufrechterhaltung des zugrunde liegenden Anspruchs abzielen und solchen, die die vorläufige Regelung eines Zustandes treffen sollen, erlassen (Art. 682 Nr. 1 gr. ZPO).

Als sichernde Maßnahmen sind Arrestpfändung (Art. 707 ff. gr. ZPO), Eintragung einer Hypothekenvormerkung (Art. 706 gr. ZPO) und die gerichtliche Sequestration (Art. 725 gr. ZPO) vorgesehen.

---

[24] Dazu Verheul in Essays on the law of international trade, S. 70.
[1] Iliakopoulos, S. 125.
[2] Iliakopoulos, S. 124.
[3] EuGHE 1980, 1553 = IPRAX 1981, 95.
[4] Die von Iliakopoulos (a.a.O.) angeschnittene Streitfrage nach der Qualifikation dieser Entscheidungen als Urteil in der griechischen Dogmatik ist für die Einordnung im Rahmen des Übereinkommens angesichts der weiten Fassung von Art. 25 GVÜ ohne Belang.

Als andere Arten einstweiliger Maßnahmen sind die gesetzlich vorgesehenen Verfügungen zur Geldanspruchzuerkennung (Art. 728—730 gr. ZPO), sowie die zur Herausgabe von Sachen und die Unterlassung oder Vornahme von Handlungen (Art. 731 gr. ZPO) zu nennen. Derartige einstweilige Verfügungen werden in der griechischen Dogmatik als besonderer Fall der vorläufigen Zustandsregelung angesehen[5].

Zuständig für den Erlaß einer e. V. ist das Hauptsachegericht oder das Einzelrichtergericht erster Instanz (Art. 683, 684 gr. ZPO)[6].

Bei der Geldzahlungsverfügung darf grundsätzlich nur max. die Hälfte des geltend gemachten Anspruches zuerkannt werden. Ausnahmen sind in den gesetzlich vorgesehenen Fällen (Unterhalt, Schadensersatz) zulässig (Art. 729 Abs. 2 gr. ZPO). Soweit der Gläubiger nicht binnen 30 Tagen nach Erlaß einer derartigen Verfügung Klage in der Hauptsache erhebt, tritt die einstweilige Verfügungg von selbst außer Kraft (Art. 729 Nr. 5 gr. ZPO).

Eine Einflußnahme auf die Hauptsacheentscheidung wird durch Art. 695 gr. ZPO verhindert, worin eine irgendwie geartete Rechtskraftwirkung bezüglich des zugrunde liegenden Anspruches ausgeschlossen wird.

Jedoch zeigt Art. 692 Nr. 4 gr. ZPO, daß eine solche prozessuale Vorläufigkeit dem Charakter einer solchen Maßnahme als „einstweilige Verfügung" nicht ausreichend gerecht wird[7]. Das darin enthaltene Befriedigungsverbot wird zwar, aufgrund der Unerläßlichkeit schnellen Rechtsschutz in bestimmten Fallkonstellationen, weitgehend umgangen. Es zeigt jedoch die prinzipielle Unvereinbarkeit von einstweiligen Verfügungen und Befriedigung des bestrittenen Anspruches in eben diesem Verfahren. Die Einordnung in den prozessualen Verfahrensgang der einstweiligen Verfügungen erfolgt notgedrungen soweit kein beschleunigter Rechtsschutz zur Verfügung steht[8].

Einstweilige Verfügungen des griechischen Rechts, die den bestrittenen Anspruch befriedigen, sind keine „einstweilige Maßnahmen" im Sinne des Art. 24 GVÜ. Soweit sich nach mündlicher Verhandlung ergehen, so die Regel (Art. 686 Abs. 2 gr. ZPO), genießen sie unabhängig davon Freizügigkeit in den Vertragsstaaten.

---

[5] Iliakopoulos, S. 131/132.
[6] Übersetzung nach Baumgärtel/Rammos, Das griechische Zivilgesetzbuch (1968).
[7] Iliakopoulos, S. 133.
[8] In diesem Sinne: Iliakopoulos, S. 195.

H. Zusammenfassung

I. Ergebnis der Rechtsvergleichung

Der Überblick über das Zivilprozeßrecht einiger Vertragsstaaten hat gezeigt, daß bezüglich der Gewährung einstweiligen Rechtsschutzes erhebliche Unterschiede, teilweise jedoch Übereinstimmungen bestehen. Alle untersuchten Zivilprozeßordnungen verstehen Einstweiligkeit jedenfalls dahin, daß die gerichtliche Entscheidung bezüglich des zugrunde liegenden materiell-rechtlichen Anspruches keine materielle Rechtskraft (res iudicata) entwickeln kann[1].

Höchst unterschiedlich ist jedoch die Ausgestaltung des einstweiligen Rechtsschutzes in den Vertragsstaaten bezüglich Verfahren und Inhalt geregelt.

In Großbritannien etwa ist eine Geldleistungsverfügung überhaupt unbekannt. Die Funktion dieser Verfügung übernehmen Rechtsinstitute wie „summary judgment" oder „interim payment". Die nach allgemeiner Meinung im deutschen Recht bestehenden strengen Anforderungen an die Glaubhaftmachung der dem Erlaß einer solchen Verfügung zugrunde liegenden Tatsachen, sowie die detaillierte rechtliche Prüfung[2] zeigen hinsichtlich der Voraussetzungen derartigen schnell erreichbaren Rechtsschutzes die Ähnlichkeit der Systeme.

Wenn die Haftung nach der Überzeugung des Gerichtes feststeht, kann der englische Richter ein „interim payment" anordnen. Das englische Verfahrensrecht, aufgrund seiner Herkunft aus dem weniger gesetzlichen Regeln unterworfenen common law-Rechtskreis, ist insoweit vielfältiger und hat die Ausgliederung derartigen Rechtsschutzes aus dem Bereich der einstweiligen Verfügungen bereits vollzogen. Die Vorschaltung eines eng an das Hauptverfahren angebundenen Vorprüfungsverfahrens, das in eindeutig gelagerten Fällen die Belastung durch die Prozeßdauer des ordentlichen Verfahrens auf den Beklagten überleitet, erfüllt diese Funktion besser als das Verfügungsverfahren.

Aufgrund der engen Anbindung an das Hauptverfahren kann ein solches Vorprüfungsverfahren nicht in einem Vertragsstaat ohne Hauptsachezuständigkeit stattfinden.

Die verbreitete Anwendung als „kort geding" für Leistungsverfügungen jeder Art in den Niederlanden oder gar des „provision"-Verfahrens

---

[1] Zum unterschiedlichen Rechtskraftverständnis: *Geimer*/Schütze, Bd. I/1, S. 1017 ff., sowie unten 3. Kap. B V 1.

[2] Nachweise bei Schilken, S. 38 Fn. 38 f.; Stein/Jonas/*Grunsky*, vor § 935 Rz. 37.

H. Zusammenfassung

in Frankreich, man könnte es angesichts des Verzichts auf die Tatbestandsvoraussetzung der Dringlichkeit als allgemeines Schnellverfahren bezeichnen, läßt eine Einordnung von gerichtlichen Entscheidungen, die nach nationalem Recht allein aufgrund genetischer Wurzel als einstweiliger Rechtsschutz angesehen werden, als „einstweilige Maßnahmen" im Sinne des Art. 24 GVÜ nicht zu. Eine völlige Aushöhlung des Zuständigkeitskataloges des Übereinkommens und insbesondere des Art. 3 wäre die Folge.

Darüber hinaus wäre die vom GVÜ bezweckte rechtliche Gleichstellung der Einwohner der verschiedenen Vertragsstaaten beeinträchtigt.

Der französische Staatsbürger mit regelmäßigem Wohnsitz in Frankreich könnte den deutschen Staatsbürger mit regelmäßigem Wohnsitz in Deutschland im Schnellverfahren („référé") mit einer Zahlungsklage im exorbitanten Gerichtsstand in Frankreich überziehen und sodann diese gerichtliche Entscheidung in Deutschland vollstrecken (Art. 25 GVÜ). Im Gegenzug wäre gleiches für den in Deutschland domizilierten Deutschen nicht möglich, da das nationale deutsche Prozeßrecht den Erlaß einer Leistungsverfügung nur in Ausnahmefällen zuläßt[3], und vor allem meist keine Zuständigkeit bereithält, wenn man von § 23 ZPO absieht.

Ein Verstoß gegen das Diskriminierungsverbot des Art. 7 EWGV ließe sich dadurch allein noch nicht feststellen[4], da außerhalb des schon vereinheitlichten Rechtes Unterschiede der nationalen Rechtsordnungen und dadurch mittelbar bedingte Wettbewerbsverfälschungen und Diskriminierungen bewußt in Kauf genommen werden[5].

Dennoch widerspräche eine derartige Rechtssituation dem Geiste des Diskriminierungsverbotes. Wenn auch kein direkter Verstoß konstatiert werden könnte, so hat trotzdem eine am Gemeinschaftsrecht orientierte Auslegung des Prozeßrechtes zu erfolgen[6]. Gleiches muß für die autonome Auslegung des europäischen Prozeßrechts gelten. Deshalb ist das GVÜ, d. h. hier Art. 24 restriktiv so zu interpretieren, daß die Ziele des EWGV gewahrt bleiben[7]. Der Ausschluß derartiger befriedigender vorgreiflicher einstweiliger Verfügungen aus dem Begriff „einstweilige

---

[3] s. o. 3. Kap. C II 1.
[4] a. A. wohl *Jenard*-Bericht, 2. Kapitel B, der in der vor Inkrafttreten des GVÜ bestehenden unterschiedlichen Regelung der Freizügigkeit von Zivilurteilen aufgrund der verschiedenen bilateralen Anerkennungs- und Vollstreckungsverträge zwischen den Vertragsstaaten des GVÜ einen Verstoß gegen Art. 7 EWGV sieht.
[5] v. d. Groeben/*Bleckmann*, Art. 5 Rt. 13; Drobnig, RabelsZ 34 (1970), S. 643 Fn. 16 m. w. N.
[6] v. d. Groeben/*Bleckmann*, a.a.O.
[7] Basedow, IZVR, Bd. 1 Kap. II Rz. 11.

Maßnahmen" ist deshalb auch angezeigt, um nicht gerechtfertigten Ungleichbehandlungen von Einwohnern verschiedener Vertragsstaaten entgegenzuwirken.

II. Überprüfung des Auslegungsergebnisses

Zu überprüfen bleibt, ob durch die generelle Ausgliederung von einstweiligen Verfügungen mit befriedigendem Inhalt aus dem Anwendungsbereich des Art. 24 GVÜ unzumutbare Rechtsschutzlücken für den Gläubiger entstehen.

Insbesondere die Unterlassungsverfügungen aus dem Wettbewerbsrecht ist dabei in die Betrachtung einzubeziehen, da diese aufgrund ihres vorgreiflichen Inhalts dann nicht im, nur über Art. 24 GVÜ zugänglichen, Sondergerichtsstand des unlauteren Wettbewerbs (§ 24 UWG) erwirkt werden könnte. Dieser Gerichtsstand ist nicht vom GVÜ übernommen worden[8]. Die Möglichkeit zur Erlangung einer Unterlassungsverfügung in Fällen, in denen ein allein im Ausland domiziliertes Unternehmen im Inland unzulässige Handlungen zu Wettbewerbszwecken vornimmt, muß angesichts des regen grenzüberschreitenden Wirtschaftsverkehrs jedoch erhalten bleiben. Hier ist nicht wie bei Geldleistungsverfügungen der inländische nicht vom GVÜ übernommene Gerichtsstand nur deshalb und nur dann von Interesse, wenn das inländische Recht unter einfacheren Bedingungen eine derartige Verfügung zuläßt und diese anschließend ohnehin im Ausland vollstreckt werden muß.

Versperrt ist der Zugang zu den nicht vom GVÜ übernommenen Gerichtsständen für Wettbewerbsstreitigkeiten allerdings in Luxemburg und Belgien, deren Prozeßrechtsordnungen hier nicht abgehandelt wurden. Beide Länder haben für die Unterlassungsanordnung in Wettbewerbssachen ein beschleunigtes summarisches Verfahren vorgesehen, das keine Eilbedürftigkeit voraussetzt und nicht nur einstweiligen Charkter hat[9].

In Deutschland wird die fehlende Anwendbarkeit des Art. 24 nicht praktisch, da Art. 5 Nr. 3 GVÜ einen Gerichtsstand für Wettbewerbsverstöße in dem Land vorsieht, in dem das schädigende Ereignis eingetreten ist. Nicht nur Klagen wegen unlauteren Wettbewerbs werden

---

[8] *Geimer*/Schütze, Bd. I/1, § 50 I 2., S. 308.

[9] Belgien: Art. 55 und 55 i. V. mit Art. 59 Gesetz über die Handelspraktiken vom 14. 7. 1971 in der Fassung vom 4. 8. 1978 (in deutscher Übersetzung GRUR Int. 1972, 202 ff. Anm. Schricker, S. 184 ff. und GRUR Int. 1979, 465 Anm. Bodewig, S. 461 ff.); Ulmer, UWG I, Nr. 100; Ulmer, UWG II/1 (*Schricker/Franq*) Nrn. 125 ff. und 140 ff.: Ahrens, S. 410 Fn. 4. Luxemburg: Art. 11—13 Reglement concernant la concurrenc deloyale; in deutscher Übersetzung GRUR Int. 1977, 235 ff.; Schricker, RabelsZ 40 (1976), 535 ff. (558 Fn. 121).

H. Zusammenfassung

als unerlaubte Handlung im Sinne dieser Vorschrift angesehen[10], auch Klagen wegen Verletzung von Urheber-, Patent-, Firmen- und Warenzeichenrechten sind ausdrücklich darunter zu zählen[11].

Nach der Rechtssprechung des EuGH[12] ist unter dem „Ort, an dem das schädigende Ereignis eingetreten ist", sowohl der Ort, an dem sich der Schadenserfolg verwirklicht hat, wie auch der Ort des ursächlichen Geschehens zu verstehen. Der Kläger hat zwischen beiden ein Wahlrecht[13].

Problematisch sind allein vorbeugende Unterlassungsklagen. Während im deutschen Prozeßrecht nach herrschender Meinung im Gerichtsstand der unerlaubten Handlungen (§ 32 ZPO) auch vorbeugende Unterlassungsklagen wegen drohenden Wettbewerbsverstößen zulässig sind[14], ist die Anwendbarkeit des Art. 5 Nr. 3 GVÜ für derartige Klagen umstritten.

Art. 5 Nr. 3 GVÜ liegt die Vorstellung einer bereits geschehenen unerlaubten Handlung zugrunde, wie schon der Wortlaut zeigt[15]. Demfolgend werden vereinzelt vorbeugende Unterlassungsklagen in diesem Gerichtsstand ausgeschlossen[16].

Eine Rechtfertigung dafür, auf europäischer Ebene eine andere Auslegung des Gerichtsstandes der unerlaubten Handlung als auf nationaler Ebene vorzunehmen, ist jedoch nicht ersichtlich. § 32 ZPO geht vom Wortlaut her gleichermaßen wie Art. 5 Abs. 3 GVÜ von der bereits erfolgten Handlung aus. Ebenso wie die vorbeugende Unterlassungsklage selbst aus den materiell-rechtlichen Vorschriften, die vom Wortlaut her eine bereits erfolgte unerlaubte Handlung voraussetzen, hergeleitet ist, muß gleiches für die entsprechende prozessuale Zuständigkeitsregelung gelten. Ein etwa auf europäischer Ebene andersgearteter Interessenkonflikt als auf nationaler Ebene ist nicht ersichtlich. Vorbeugende Unterlassungsklagen sind deshalb auch im Gerichtsstand der unerlaubten Handlungen nach Art. 5 Abs. 3 GVÜ zulässig[17].

---

[10] *Geimer*/Schütze, Bd. I/1, § 84 5., S. 621; Bülow/Böckstiegel/*Linke*, 606/68, Art. 5 Anm. III 2 b; Schlosser, NJW 1980, 1224; Droz Nr. 75; Stauder, GRUR 1976, 473.
[11] *Geimer*/Schütze, Bd. I/1, a.a.O.
[12] EuGHE 1976, 1735 = NJW 1977, 493.
[13] Ebenso OLG Karlsruhe, MDR 1978, 61; Bülow/Böckstiegel/*Linke*, 606/70, Art. 5 Anm. 6; a. A. Mezger, RIW/AWD 1976, 345 (347).
[14] Baumbach/Lauterbach/Hartmann, § 32 Anm. 3; Stein/Jonas/*Schumann*, § 32 Rz. 26 m. w. N.
[15] *Schlosser*-Bericht Nr. 134; Schütze/*Geimer*, § 84 Nr. 7, S. 621.
[16] Bülow/Böckstiegel/*Linke*, Art. 5 III 2 b 606/68.
[17] Schütze/*Geimer*, § 84 7., S. 622; tendenziell *Schlosser*-Bericht Nr. 134; Kropholler, IZVR, Bd. 1 Kap. III Rz. 689.

Der Ausschluß von Unterlassungsverfügungen im hier angesprochenen Wettbewerbsrecht aus Art. 24 GVÜ wäre deshalb nur für Rechtsstreitigkeiten mit einer im Ausland domizilierten Partei, die darüber hinaus ausschließlich im Ausland die beanstandete Wettbewerbshandlung vornimmt, von Bedeutung. Die Inanspruchnahme inländischer Gerichte für derartige Fälle liefe jedoch der Ratio des Art. 24 GVÜ, das sachnächste Gericht zur Entscheidung zuzulassen[18], zuwider. Ein schützenswertes Interesse des Klägers in solchen Fällen ist deshalb nicht gegeben.

Da die Ausklammerung von Leistungsverfügungen aus dem Begriff „einstweilige Maßnahmen" im Sinne des Art. 24 GVÜ keine unzumutbaren Rechtsschutzdefizite des Klägers verursacht, ist an dem gefundenen Ergebnis festzuhalten. Es wird auch gestützt gerade durch die neueren Prozeßrechtsentwicklungen in den übrigen Vertragsstaaten bezüglich beschleunigten Rechtsschutzes, der in summarischen Verfahren gewährt wird.

---

[18] Verheul, NILR 1981, 81; EuGHE 1980, 1553 = NJW 1980, 2016; Collins, S. 30 Fn. 4.

Literaturverzeichnis

Ahrens, Hans-Jürgen: Wettbewerbsverfahrensrecht, Göttingen 1983.

Arens, Peter: Verfügungsanspruch und Interessenabwägung beim Erlaß einstweiliger Verfügungen. Festschrift für Ernst v. Caemmerer zum 70. Geburtstag, Tübingen 1978, S. 75.

Basedow, Jürgen: Handbuch des internationalen Zivilverfahrensrechts, Bd. 1.

Baumbach, Adolf/*Hefermehl*, Wolfgang: Wettbewerbsrecht, 14. Aufl. (1983).

Baumgärtel, Gottfried: Rezension des Werkes von Baur, Studien zum einstweiligen Rechtsschutz (1967). AcP 168 (1968), 401.

Baur, Fritz: Studien zum einstweiligen Rechtsschutz (1967), Tübingen.
— Arrest und einstweilige Verfügung in ihrem heutigen Anwendungsbereich, BB 1964, 607.

Bernhardt, Rudolf: Die Auslegung völkerrechtlicher Verträge (1963).

Bernstorff, Christoph Graf v.: Einstweiliger Rechtsschutz in England mit Hilfe der Mareva-Injunction, RIW/AWD 83/160 ff.

Bertrams, R. I. F.: De positie van het kort geding in het EEG Executieverdrag 1968, Wpnr 1981 1—5, 21—23, 49—53.

Birk, Rolf: Boykott und einstweilige Verfügung im grenzüberschreitenden Arbeitskampf, AuR 1974, 289.

Bleckmann, Albert: Zu den Auslegungsmethoden des Europäischen Gerichtshofs, NJW 82, 1177.

Böttger, Günter: Zivilgerichtsbarkeit und Zwangsvollstreckung in Großbritannien und Frankreich, Stuttgart 1977.

Bogs, Haralds: Die verfassungskonforme Auslegung von Gesetzen (1966).

de Boisseson, Matthieu: Le droit francaise de l'arbitrage (1983).

Bruns, Rudolf/*Peters*, Egbert: Zwangsvollstreckungsrecht, 2. Auflage, München 1976.

Bülow, Arthur/*Böckstiegel*, Karl-Heinz: Internationaler Rechtsverkehr in Zivil- und Handelssachen, 2 Bde. Bearbeiter: Hartmut Linke, Gerd Müller, Dieter Schlafen.

Bunge, Jürgen: Institutionen des englischen Zivilprozeßrechts ZZP 92 (1979), S. 351.
— Das englische Zivilprozeßrecht, Berlin 1974.

Burghardt, Jürgen: Zwangsvollstreckungsorgane in europäischen Ländern im Vergleich zum deutschen Gerichtsvollzieher, 1976, Diss.

Carl, M. H.: Mareva-injunctions, IPRAX 83, 141.

Casson, D. B./*Dennis*, I. H.: Odger's Prinples of Pleading and Practice in Civil Actions in the High Court of Justice, 22. Aufl., London 1981.

— Modern Developments in the Law of Civil Procedure, London 1982.

Charties, Yves: Die neuere Entwicklung des Zivilprozeßrechts in Frankreich, ZZP 91 (1978), S. 286.

Collins, Lawrence: The Civil Jurisdiction and Judgments Act 1982 (1983).

Constantinesco, Léontin-Jean: Das Recht der Europäischen Gemeinschaften I (1977).

Couchez, Gérard: Anmerkung zu Cour de cassation v. 14. 3. 1984 in Revue de l'arbitage 1985, 73.

Dachenhausen, Vassalli di: The convention of 27 september 1968 on jurisdiction and the enforcement of judgments in civil and commericial matters in italian case-law. Rivista di diritto europeo XXII (1982), 313—354.

Drobnig, Ulrich: Verstößt das Staatsangehörigkeitsprinzip gegen das Diskriminierungsverbot des EWG-Vertrages, RabelsZ (1970) 34, 636 ff.

Geimer, Reinhold: Zur Auslegung des Brüsseler Zuständigkeits- und Vollstreckungsübereinkommens in Zivil- und Handelssachen EuR 1977, 345.

— Einige Zweifelsfragen zur Abgrenzung nach dem EWG-Übereinkommen, RIW/AWD 1975, 81 ff.

— Kommentar zum internationalen Zivilprozeßrecht in Zöller, ZPO, 14. Aufl. 1984.

Geimer, Reinhold/*Schütze*, Rolf: Internationale Urteilsanerkennung, Bd. I, 1. Halbband, 1983, Bd. II, 1971.

Gerhardt, Walter: Vollstreckungsrecht, 2. Aufl., Berlin, New York 1982.

Giardina: The European Court and the Brussels Convention on Jurisdiction and Judgments, Int. Comp. L. Q. 27 (1978), 263 (271 f.).

Goldschmidt, James: Zivilprozeßrecht, 2. Aufl., Berlin 1932.

Gore, Andrew: Interlocutory Injunction — A Final Judgment?, 1975, 38 M.L.R. 672.

Gray, Christine: Interlocutory Injunction sience Cyanamid, Cambridge Law Journal, 40 (2), p.p. 307—339 (1981).

Groeben, von der, Hans/*Boeckh*, von, Hans/*Thiesing*, Jochen: Kommentar zum EWG-Vertrag, 3. Aufl. 1983.

Grunsky, Wolfgang: Auf Leistungserbringung gerichtete einstweilige Verfügung, JurA, 1970, S. 724 ff.

— EuGVÜ in deutsch-italienischem Rechtsverkehr, RIW/AWD 1977, 7.

— Lex fori und Verfahrensrecht, ZZP 89 (1976), 241.

— Grundlagen des einstweiligen Rechtsschutzes, JuS 1976, 277 ff.

— Rezension des Werkes von Schilken, Die Befriedigungsverfügung, 1976. ZZP 90 (1977), 208 ff.

Guldener, Max: Schweizerisches Zivilprozeßrecht, 3. Aufl. 1979.

Hager, Johannes: Gesetzes- und sittenkonforme Auslegung und Aufrechterhaltung von Rechtsgeschäften (1983).

Halsbury's, Laws of England: 4th edition, Herausgeber: Lord Hailsham of Marylebone.

Hartley, T.C.: Civil Jurisdiction and Judgements, 1984.

Hausmann, Rainer: Zur Anerkennung und Vollstreckung von Maßnahmen des einstweiligen Rechtsschutzes im Rahmen des EG-Gerichtsstands- und Vollstreckungsübereinkommens, IPRAX 1981, 79.

— EG-Gerichtsstand- und Vollstreckungsübereinkommen und Familienrecht, FamRZ 80, 418.

Heinze, Meinhard: Einstweiliger Rechtsschutz in aktienrechtlichen Anfechtungs- und Nichtigkeitsverfahren, ZGR 1979, 293 ff.

Henckel, Wolfram: Vorbeugender Rechtsschutz im Zivilrecht, AcP 174 (1974), 97.

Hessel, Philipp: Einstweilige Verfügung bei Arbeitskämpfen, DB 1967, 2071.

Hoffmann, Bernd von: Gegenwartsprobleme internationaler Zuständigkeit, IPRAX 82, 217.

Hunnings, Neville March: Enforceability of ex parte Orders in the EEC. Common Market Law Report 1981, S. 243 ff.

Iliakopoulos, Ilias N.: Die Grenzen der Befriedigungsverfügung im deutschen und griechischen Recht, 1983.

Ipsen, Hans-Peter: Europäisches Gemeinschaftsrecht, 1972.

Jacob, Jack: The Reform of Civil Procedural Law, London 1982.

Jauernig, Othmar: Der zulässige Inhalt einstweiliger Verfügungen, ZZP 79 (1966), 321 ff.

Jung, Harald: Vereinbarung über die int. Zuständigkeit nach dem EWG-Gerichtsstand- und Vollstreckungsübereinkommen und nach § 38 II ZPO. Bochum 1980, Bochumer jur. Studien Nr. 14.

Kanzler, Hans-Joachim: Der einstweilige Rechtsschutz durch die interlocutory injunction im englischen Zivilprozeß. Diss. Mainz 1979.

Kerbosch, W. M. H.: Einige beschonwingen over art. 24 van het EEG Executivvertrag tegen de achtergrond van het Ned. recht, Leiden 1981.

Kötz, Hein: Vorbeugender Rechtsschutz im Zivilrecht (Eine rechtsvergleichende Skizze). AcP 174, 145 ff.

Kropholler, Jan: Internationales Einheitsrecht 1975.

— Europäisches Zivilprozeßrecht 1982.

Lagarde, Paul: Anm. zu Tribunal de grande instance de Marseille 28. 6. 1977, revue critique de droit international 1979, 98 ff.

Larenz, Karl: Methodenlehre der Rechtswissenschaft, 5. Aufl. 1983.

Leibholz, G./*Rinck*, H. J.: Grundgesetz, 5. Aufl.

Leipold, Dieter: Strukturfragen des einstweiligen Rechtsschutzes, ZZP 90 (1977), S. 258 ff.

— Grundlagen des einstweiligen Rechtsschutzes, München 1971.

Linke, Hartmut: Anm. zu EuGH v. 6. 10. 1976 RS 14/76. „Gerichtsstand bei Rechtsstreitigkeiten über Alleinvertriebsverträge", RIW/AWD 1977, 43.

Lübbert, Hartmut: Vorläufiger Rechtsschutz und einheitliche Auslegung des Gemeinschaftsrechts, FS v. Caemmerer, Tübingen 1978, S. 933 ff.

Markett, Theo: Einstweilige Verfügung mit Befriedigungserreichung, Diss. Erlangen 1935.

Martiny, Dieter: Nichtstreitige Verfahren in Frankreich (1974).

— Autonome und einheitliche Auslegung im europ. internationalen Zivilprozeßrecht, RabesZ 45 (1981), 427.

— Handbuch des internationalen Zivilverfahrensrechts, Bd. 1 und 3, 2. Halbband.

Matscher, Franz: Die Anerkennung und Vollstreckung gerichtlicher Entscheidungen im Verhältnis zwischen Österreich und Großbritannien. Juristische Blätter (Österreich), 1963, S. 229 ff. und 285 ff.

— Die Neuregelung der Rechtsbeziehungen Österreich-Italien, JBl. (Öst.) 1977, 117.

— Vollstreckung im Auslandsverkehr von vorläufig vollstreckbaren Entscheidungen und von Maßnahmen des prov. Rechtsschutzes, ZZP 1982, 170 ff.

Meier, Isaak: Grundlagen des einstweiligen Rechtsschutzes (CH), Zürich 1983.

Mezger, E.: Anm. zu Tribunal de grande instance de Nanterre vom 9. Okt 1978, revue critique de droit international 1979, 128 ff.

Minnerop, Manfred: Materielles Recht und einstweiliger Rechtsschutz, Köln, Berlin, Bonn, München 1973.

Mössner, Jörg Manfred: Einführung in das Völkerrecht (1977).

Morris, H. C.: The Conflict of Laws, 2. Aufl. 1980.

Morris, H. C./*Dicey,* J. P.: The Conflict of Laws, 10. Aufl. 1980.

Morris, H. C./*North,* P. M.: Cases and Materials on Private International Law, 1984.

Münch, Ingo von: Kommentar zum GG, 2. Aufl. 1983.

Nagel, Heinrich: Internationales Zivilprozeßrecht, 2. Aufl. 1984.

Neumann, Hans-Dieter: Einstweiliger Rechtsschutz in Frankreich, Diss. 1968, Köln.

North's, P. M. and Chesire: Private International Law, 10. Aufl. 1979.

Pastor, Wilhelm: Der Wettbewerbsprozeß, 3. Aufl. 1980.

Perrot, R.: "Les incidents de Provision", dossier d'un table ronde, Introduction par R. Perrot, Gaz. Pal. 1980 I., p. 315 s.

Piehler, Klaus: Einstweiliger Rechtsschutz und materielles Recht, 1980.

Pirrung, Jörg: Grundzüge des französischen Zwangsvollstreckungsrechts, DGVZ 1975, 1.

Pocar, Fausto: Jurisdiction and enforcement of judgments under the EC-Convention of 1968, RabelsZ 42 (1978), 405.

Pothmann, Walter: Die einstweilige Verfügung als Ersatz einer Verurteilung, Diss. 1949.

Powles, David G.: The Mareva Injunction Expanded, JBL 1981, 415.

Rauscher, Thomas: Verpflichtung und Erfüllungsort in Art. 5 Nr. 1 EuGVÜ, München 1984.

Rimmelspacher, Bruno: Materiellrechtlicher Anspruch und Streitgegenstandsprobleme im Zivilprozeß. Göttingen 1970.

Ritter, Ulf: Die Bestimmung der objektiven Rechtskraftgrenzen in rechtsvergleichender Sicht, ZZP 87 (1974), 138.

Robert, P.: Arbitrage civil et commercial.

Rohmeyer, Hartwig: Geschichte und Rechtsnatur der einstweiligen Anordnung im Verw. Prozeß und ihre Konsequenzen für die einstweilige Anordnung in Ermessens- und Beurteilungsangelegenheiten, Berlin 1967.

Rooij, van: Rechterlijke bevoegdheid en interpretatie van het Europees Jurisdictie — en Executieverdrag — beginselen en belangen. Ned. Jbl. 1977, 613 ff.

Rousse, J. P.: "Feú a l'urgence", Gaz. Pal. 77 II, 563 S.

— Le pouvoix du juge des référés d'accorder une provision au créancier dans le cas on l'existence de l'obligation n'est pas serieusement contestable. Gaz. Pal. 75 I, 13 s.

Samtleben, Jürgen: Das IPR der Börsentermingeschäfte und der EWG-Vertrag, RabelsZ 45 (1981), S. 218 ff.

Sauveplanne, J. G.: Kodizill und Kort Geding oder: Ungelöste Qualifikationsprobleme, IPRAX 1983, 65.

Schack, Haimo: Vermögensbelegenheit als Zuständigkeitsgrund, ZZP 97 (1984), S. 46 f.

Schenk, W.: Het Kort geding en zijn teopassing in Nederland, 2. Aufl. (1976).

Schilken, Eberhard: Die Befriedigungsverfügung, Zulässigkeit und Stellung im System des einstweiligen Rechtsschutzes, Berlin 1976.

Schlosser, Peter: Neues Primärrecht der Europäischen Gemeinschaften, NJW 1975, 2132.

— Europäische Wege aus der Sackgasse des deutschen internationalen Insolvenzrechts, RIW/AWD 1983, 473 ff.

— Zur Abänderung ausl. Unterhaltsentscheidungen, IPRAX 1981, 120 ff.

— Vertragsautonome Auslegung, nationales Recht, Rechtsvergleichung und das EuGVÜ. Gedächtnisschrift für Rudolf Bruns, Hrsg. Balker, Baumgärtel, Peters, Pieper 1980, S. 45 ff.

— Der EuGH und das EuGVÜ, NJW 77, 457.

— Miszellen, RabelsZ 1982 (46), 730 f.

Schütze, Rolf: Einstweilige Verfügungen und Arreste im internationalen Rechtsverkehr, WM 1980, 1438—1442.

Schultsz, Jan L.: Zwischenbilanz des europ. Gerichtsstands- und Vollstreckungsübereinkommens, IPRAX 83, 97.

Schwartz, Ivo: Übereinkommen zwischen den EG-Staaten — Völkerrecht oder Gemeinschaftsrecht?, In: Im Dienste Deutschlands und des Rechts — Festschrift für W. G. Grewe 1981, 551—607.

Schweitzer, Michael/*Hummer,* Waldemar: Europarecht (1980).

Seidl-Hohenveldern, Ignaz: Völkerrecht, 3. Aufl. 1975.

Sonnen, Theodor: Anmerkung zum Urteil KG 298.1921, JW 1927, 2473.

Stein-Jonas: Kommentar zur Zivilprozeßordnung, 20. Auflage 1977 ff. Bearbeiter: Wolfgang Grunsky, Dieter Leipold, Wolfgang Münzberg, Peter Schlosser, Ekkehard Schumann.

Steindorff, Ernst: Europäisches Gemeinschaftsrecht und deutsches Internationales Privatrecht, EuR 1981, 426 ff.

Stone, P. A.: The Civil Juristdiction and Judgments Act 1982: Some Comments. The International and Comparative Law Quaterley 1983, 477 f.

Teplitzky, Otto: Arrest und einstweilige Verfügung, JuS 1980, 882; 1981, 122, 352, 435.

Verheul, J. P.: The E.E.C. Convention on jurisdiction and judgments of 27. 9. 1968 in Netherlands legal practice. NILR 1975, 337; 1976, 347; 1981, 74; 1983, 240.

— Jurisdiction to grant injunctions, Essays on the Law of international trade Hague Zabreb Colloquium (1974), S. 69—98.

— Rechtsmacht in het Nederlandse internationale Privatrecht, Deel 1 Het EEG Bevoegheid — en Executieverdrag, 1982, s'Gravenhage.

Vincent, Jean: Voies d'exécution et procédures de distribution, 14. Aufl. 1981.

Vincent, Jean/*Guinchard,* Serge: Procédure civile, Paris 1981, 20. Aufl.

Vismard, Marcel: Ordonnances sur requete, J.-Cl. proc. civ. Band I, Fasc. 239.

Wank, Rolf: Die verfassungsgerichtliche Kontrolle der Gerichtsauslegung und Rechtsfortbildung durch die Fachgerichte. Jus 1980, 545 ff.

Zonderland, Pieter: Einstweilige Verfügungen in den Niederlanden, ZZP 1977 (90), 225 ff.

— Het Kort geding. 2. Aufl. 1972.

Zonderland, Pieter/*Schlingemann,* C./*Dolman,* G.: Grondtrekken van het Nederlands Burgerlijk Procesrecht, 1980, Zwolle.

Zuleeg, Manfred: Das Verhältnis des Gemeinschaftsrechts zum nationalen Recht, JR 1973, 441 ff.

Zweigert, Konrad: Einige Auswirkungen des Gemeinsamen Marktes auf das Internationale Privatrecht der Mitgliedsstaaten, FS Hallstein (1966), S. 555 f.

Printed by Libri Plureos GmbH
in Hamburg, Germany